EL SER PADRE DE FAMILIA POSITIVO CON UN PLAN
(Niveles K-12)

Matthew A. Johnson, Psic.D, MSW

con una introducción por Hillel I. Swiller, M.D.

Reglas de FAMILIA

Publication Consultants

PO Box 221974 Anchorage, Alaska 99522-1974

ISBN 1-59433-015-8

Número del Catálogo de la Biblioteca del Congreso: 200400000

—Primerh edición 2001—
—Segunda edición 2002—
—Tercera edición 2003—
—Edición en Español 2004—

Fabricado en los Estados Unidos de América

Reconociemientos

El escribir cualquier libro es gran trabajo. No se puede escribir un libro sin los buenos deseos, el apoyo y la ayuda de varias personas. Primero, les doy gracias a mis tres hijos, Levi, Hannah y Micah, quienes sirvieron con mucho amor como conejillos de Indias mientras yo traté de implementar FAMILIA en nuestra casa. Son bendiciones de lo alto y merecen, por cierto, ser guardados.

Les debo mucho a mis padres por su amor y apoyo que ha continuado durante toda mi vida. Aunque hemos tenido más que nuestra parte de momentos de disfunción juntos, siempre hicieron el mejor intento de enseñarme morales y valores sólidos y a la vez de tener confianza al definir quién soy yo y el por qué estoy en este planeta. También les debo mucho a L.D. y Darlene Mattson, junto con su hijo, Scott, quienes siempre han sido como me segunda familia. Me enseñaron la importancia del compromiso personal a la fe, la esperanza y el amor. El mayor de ellos es el amor.

Les debo mucho a David y Darlene Kuiper al igual que a John y Linda Gram por su generosidad, amor y apoyo continuo que que han extendido a mi familia y yo al ayudarnos a reestablecer nuestras vidas y mi práctica personal en Grants Pass, Oregón. También, aprecio mucho el amor y apoyo continuo de mis queridos amigos, Any y Brenda Ridgeway.

Le agradezco a Janice Cocklereece por su trabajo de trasncripción que hizo que el hecho de esribir este libro fuera más fácil. Prefiero dictar que escribir. Muchas gracias a Jeni Taylor, Keith Payne, Karen Jenista, Dr. David Jenkins y Jeff Wheaton han dado de su conocimiento al editar mi copia borrador. Su retroalimentación resultó ser muy directa pero a la vez cortés y bondadosa. Les doy gracias a todas las escuelas, iglesias y grupos civiles que han patrocinado los seminarios de Reglas de Familia. Me han ayudado a proclamar las buenas nuevas: "Cada hogar necesita una FAMILIA."

Al final, estoy especialmente agradecido a todas las familias con las que he trabajado en diferentes instituciones de tratamiento, en mi práctica privada y a través de mis seminarios de Reglas de FAMILIA. Su retroalimentación in ayudar a cambiar, afinar, ajustar y modificar el sistema de Reglas de Familia ha sido invalorable. Utilizo algunas de sus historias como ejemplos en este libro para ayudar a explicar mejor los apuntalamientos del sistema de Reglas de FAMILIA y la importancia de implementar FAMILIA en cada hogar. Se han cambiado nombres, situaciones y medios para proteger la confidencialidad.

Yo tuve la Madre más Mala del Mundo

YO TUVE LA MADRE MÁS MALA del mundo. Mientras los otros niños comían dulces para el desayuno, yo comí cereal, huevos y pan tostado. Mientras los otros niños comían pasteles y dulces para el almuerzo, yo comí un sándwich. Como puedes adivinar, mi cena era diferente a la de otros niños también. Mi madre insistía en saber dónde estábamos en todo momento. Tenía que saber quiénes eran nuestros amigos y qué era lo que estábamos haciendo.

Me dio vergüenza reconocerlo, pero ella en realidad tuvo el valor de romper las leyes contra el labor de niños. Nos puso a trabajar. Tuvimos que lavar los platos, atender las camas y aprender a cocinar. Esa mujer tenía que haberse mantenido despierta durante las noches pensando en cosas que los niños podríamos hacer. Y ella insistía en que dijéramos la verdad, la verdad completa y solamente la verdad.

Al llegar a ser adolescentes, había llegado a tener mucha más sabiduría y nuestras vidas llegaron a ser intolerables. No permitía nada de sonar la bocina para avisarnos de que estaban aquí los amigos. Nos avergonzó al máximo al insistir en que nuestros amigos llegaran a la puerta al pasar por nosotros.

Se me olvidó mencionar que se les permitió a la mayoría de nuestros amigos comenzar a salir con un compañero o una compañera del sexo opuesto a la edad madura de los 12 ó 13 años, pero nuestra madre tradicional no nos permitió salir así hasta tener 15 años. Crió un grupo de personas conservadoras. Ninguno entre nosotros fue detenido por robar en las tiendas o fue arrestado por la posesión de drogas. Y ¿a quién le debemos las gracias por todo? Tienes razón, a nuestra madre ....

Trato de criar a mis niños a que alcancen las cosas más elevadas y correctas y en secreto me encanta que digan que soy mala. Le doy gracias a Dios por darme la madre más mala del mundo. El mundo necesita de más madres malas como la que tuve yo.

Anónima

Prefacio

UNA FALTA DE ESTRUCTURA aflige a la gran mayoría de las familias americanas contemporáneas. Hay muchas fuentes de este terrible fenómeno que incluye el abuso de sustancias, las enfermedades mentales, el divorcio, la ilegitimidad, las presiones financieras y la insuficiencia moral, para nombrar algunas cosas. Cual sean las fuentes principales de la falta de estructura familiar, la falta de la estructura misma sin duda conduce a la familia a un espiral hacia abajo de desesperación, disfunción, enfermedad y delincuencia.

El Dr. Matthew A. Johnson ("Dr. J.") y su sistema para padres de familia Reglas de FAMILIA ofrece una alternativa poderosa al caos familiar. Reglas de FAMILIA presenta una estructura sólida y coherente para las familias que la necesitan. En este libro, primero presenta un marco filosófico e intelectual para Reglas de FAMILIA y luego presenta el sistema mismo en una forma absolutamente clara y franca.

Reglas de FAMILIA es un producto de lo que es el "Dr. J" mismo, un niño de una familia con problemas, un atleta sobresaliente y competitivo, un profesional con mucha capacitación que es muy dedicado a su labor, y un hombre de fuertes convicciones que practica lo que cree.

Mientras que Reglas de FAMILIA tiene mucha estructura, no es nada rígido. Dentro de la estructura hay mucho lugar para la individualidad y creatividad, al igual que las reglas de baloncesto permiten la individualidad y creatividad de una persona como Michael Jordan o Dr. J.

Las familias que comprenden e implementan correcta y consistentemente las Reglas de FAMILIA serán protegidos de muchas de las enfermedades más funestas de nuestros tiempos. Me da mucho placer recomendar Reglas de FAMILIA.

Hillel I. Willer, MD, FAPA, FAGPA
Profesor Clínico de Psiquiatría
Escuela de Medicina Mount Sinai
Nueva York, Nueva York

Índice

Parte 3 ¿Preguntas sobre FAMILIA?

Parte 4 Apéndices

Introducción

HE ESCRITO y re-escrito este libro por lo menos 100 veces en la mente. Estoy seguro que lo escribiré otras 100 veces en la mente después de la primera tirada. El Ser Padre de Familia Positivo con un Plan (Niveles K-12): Reglas de FAMILIA: a lo largo de este libro voy a llamarlo FAMILIA, es el resumen de casi dos décadas de trabajo en una carrera de la salud mental con niños, adolescentes y padres de familia. FAMILIA se basa en tres principios básicos: (1) en la mayoría de los casos, las madres son las que cuidan y proveen la disciplina en el hogar. Este sistema de ser padre de familia da honra a este hecho, (2) los niños necesitan reglas, y el sistema de ser padre de FAMILIA las provee, y (3) la disciplina en el hogar es esencial a un hogar saludable. FAMILIA da organización y estructura para la disciplina, más que la mayoría de los sistemas para padres de familia que están disponibles. También es muy fácil de implementar. Entonces, este sistema específico disciplinario para los padres de familia es la FAMILIA de todos los sistemas disciplinarios para padres de familia. Para resumir, las madres dan disciplina, FAMILIA tiene reglas y FAMILIA proporciona reglas.

Yo he "rogado, pedido prestado y robado" (para decirlo de una forma figurativa) los principios de FAMILIA de mi trabajo en instituciones residenciales de tratamiento, casas para grupos locales para tratar a pacientes internados y grupos de jóvenes. He enseñado FAMILIA a más de 4.000 familias a través de mi práctica privada y seminarios de FAMILIA.

Antes de desarrollar FAMILIA, me frustré al ver el progreso inmenso de tantos pacientes jóvenes por medio de su trabajo en locales de la salud mental, sólo para regresar a casa y regresar a niveles anteriores. Nosotros como profesionales en la salud mental trabajaríamos muy duros para estabilizar el comportamiento, muchas veces fuera de control de un niño mediante le implementación consistente de un programa de modificación de comportamiento. Nunca tenía sentido para mí que tanto el consejero como el paciente metiera tanto esfuerzo, sólo para mandarle al niño a la casa para estar con sus padres, que generalmente mostraban el mismo nivel de disfunción que su niño. Además, estos padres de familia raras veces mantuvieron una estructura u organización consistente en su casa. Dentro de poco el niño regresaría a su comportamiento inapropiado y los padres nos llamarían, gritando y quejándose. Un día se me ocurrió. ¿Por qué no enseñarles a los padres las estrategias que nosotros como profesionales en la salud mental implementamos en las casas para grupos, instituciones residenciales de tratamiento e instituciones de atención aguda para los niños? Así los padres podrían seguir con el mismo proceso en la casa. Como resultado, FAMILIA se concibió en mi mente.

Desde la concepción de FAMILIA, ha sido cambiado, afinado, ajustado y modificado a través del tiempo gracias a la retroalimentación continua de los padres y niños que aprendieron el sistema. Hay, sin embargo, un elemento consistente de retroalimentación de los padres al que no presté atención por muchos años: "Debes escribir un libro sobre FAMILIA y hacer que esté disponible en todo el país para que más familias puedan recibir el beneficio del sistema." También, muchos padres me dijeron, "Debes enseñar seminarios de Reglas de FAMILIA por todo el país." Varios padres me dijeron que han intentado acercamientos diferentes sin tanto éxito. La mayoría de los libros y seminarios que se tratan de lo que es ser padre de familia enseñan principios muy importantes y contienen algunas herramientas útiles para intervenciones disciplinarias. Sin embargo, generalmente les hace falta un sistema completa de organización y de estructura para ayudarles a los padres con las herramientas de intervención para la disciplina en la casa. FAMILIA, por la otra mano, es un sistema completo.

A través de los años, he usado dos excusas para ignorar el hecho de escribir un libro sobre FAMILIA: (1) "No tengo el teimpo para esribir un libro porque ya estoy inundado con el tiempo que lleva para ser padre, miembro del consejo, director técnico y psicólogo con su práctica privada;" y (2) "No tengo la experiencia profesional suficiente como para presentar una estrategia que se puede creer y que sea único para ayudarles a los padres y sus hijos en sus casas."

Bueno, ha pasado mucho tiempo, y ahora no tengo excusa. No se preocupen, todavía soy esposo y padre. Después de enseñar FAMILIA a más de 4.000 familias con mucho éxito, y de haber incorporado su retroalimentación, ahora creo que puedo ofrecer un sistema de modificación de comportamiento que se puede creer y que es único para que otras familias lo puedan utilizar en sus casas. Ahora me siento obligado a escribir este libro.

Primera Parte
El Entender
lo Básico de FAMILIA

1 ¿Dónde está el Manual de Instrucciones de Cómo Ser Padre de Familia?

"¡**NO NOS DIERON** un manual de instrucciones de cómo ser padre de familia cuando trajimos a nuestro hijo a casa del hospital!" "¡Tampoco nos dieron una garantía!" Éstas son frases comunes que declararon muchos padres con los cuales he trabajado a través de los años. Personalmente, me compadezco con ambas frases. Las preguntas de "cómo hacerlo" de ser padre de familia nunca terminan. Primero, me he preguntado, "¿dónde pongo las pilas?" con cada uno de mis hijos. ¿Y qué hago con los otros problemas de "errores en el sistema?" como cuando se traban los botones de hablar, llorar, gritar, pelearse y reirse en la posición de "prendido?" ¿Dónde está el botón de Prozac para que todos estemos felices? ¿Dónde está el botón de la medicina anti-diarrea para que todo lo de color café se ponga más duro? Al final, ¿dónde está el botón del sicoestimulante para que puedan enfocarse y calmarse?

Segundo, han habido momentos en los que he querido devolver el producto aparentemente defectivo a la fábrica de producción; sin embargo, mi esposa se opuso de gran manera al escuchar esta idea. Es una cosa mirar los videos de los nacimientos en reverso, es otra cosa.... bueno, te das cuenta de lo que quiero decir, ¿verdad? Entonces, supongo que todos tenemos que quedarnos con los pequeñitos "Mocosos," "Monta Curtinas," "Gateadores," "Jovencitos/as," "Mastica Migas" y los "Quiero Ser un Adulto Ya." Después de todo, no hay ningún otro chico que sea tan inteligente y guapo como el nuestro. ¿Verdad? ¡Es cierto!

Los problemas comienzan a surgir a la edad de dos años cuando nuestros hermosos pequeñitos empiezan a decir, "No." En nuestro caso, con Micah, dijo "No. No. No. No." Bueno, confieso, que en un principio fue algo lindo y nos dio gracia. Es también algo necesario para el desarrollo de nuestros hijos que comiencen el proceso de ser un individuo propio—de separarse de mamá y papá. Sin embargo, a medida que nuestros niños pasen por la etapa de los "años terribles," llegan a ser mayores, e inevitablemente adolescentes, dicen "no" mucho más fuerte y con mayor frecuencia, determinación y desafío.

El desafío de ser padre es de mantener un equilibrio de las necesidades de desarrollo de nuestros hijos, como las de la autonomía, el ser un individuo y la identidad con el buen sentido común de siempre. Queremos que tomen la responsabilidad por sus decisiones y que desarrollen un respeto saludable para la aurtoridad. Entonces, los asuntos que los padres quieren que sean tratados en un "manual de instrucciones para padres de familia" son los siguientes: (1) ayuda para organizar mejor y dar estructura a sus familias, (2) herramientas prácticas para padres de familia que les ayudarán en la enseñanza de morales y valores apropiados a sus hijos, (3) ayuda para definir claramente las expectativas de comunicación para con sus hijos y a la vez darles premios y consecuencias razonables por sus decisiones, y (4) una alternativa a la de volverse loco o a la de torturar a sus niños. ¡Es broma! ¡No lo intentes en casa!

Tenemos que darnos cuenta que los padres de familia tienen un gran desafío y quiere hacerlo bien la primera vez. La mayoría de los padres quieren que sus hijos se críen para llegar a ser un miembro productivo de la sociedad en vez de ser un preso en la cárcel del condado o una institución de correcciones del estado. Quiero que te fijes en el hecho que utilicé la palabra "mayoría" y no "todos" al referirme a los deseos de un padre de familia para sus hijos. Parece que para algunos padres de familia no les importa en absoluto el hecho de cómo crían a sus niños. La verdad es que la interacción del padre de familia o la falta de ella, dice más que todas las palabras que se hallan en el diccionario.

Vivimos en tiempos difíciles cuando consideras cómo los niños y adolescentes se están portando hoy en día. La tragedia terrible de la Escuela Preparatoria de Columbine en Littleton, Colorado confirma esta dura realidad. Este hecho es verdad dondequiera que vayas en los Estados Unidos o en todo el mundo. Al estar en Samoa del Oeste, hablé con un padre de familia de Australia y otros de Nueva Zelandia que expresaron sus preocupaciones acerca de las malas decisiones que los adolescentes están realizando en sus países junto con la falta de respeto que éstos muestran hacia adultos en posiciones de autoridad. Después de explicarles más sobre FAMILIA, compartieron el deseo urgente de ver que FAMILIA fuera publicado y distribuido en sus países también. Una mirada más profunda revela que muchos padres de familia están preocupados, pero no saben qué hacer. En la mayoría de los casos, la acción de los padres de familia y/o la falta de ella ha contribuido al comportamiento inapropiado de sus hijos.

La Acción de los Padres de Familia

Algunos ejemplos de acciones de los padres de familia que contribuyen a los comportamientos inapropiados de un niño incluyen el maltratamiento verbal, físico y/o sexual en la casa, el mostrar actitudes no favorables por parte del padre de familia hacia la autoridad, una dieta mala, una falta de ejercicio y autoestima baja. Esencialmente, esto se trata de que los padres de familia dicen haz lo que digo y no lo que hago o no practican lo que predican. Francamente, la consistencia es un desafío muy grande para todos nosotros. De una perspectiva personal, me es un desafío continuo implementar en una forma **Correcta** y **Consistente** FAMILIA en mi propia casa porque yo soy una persona de hábitos como todos los demás ("las dos palabras que comienzan con C). Me gusta la comodidad de las rutinas diarias aún si dichas rutinas cumplen con mis propios deseos, son contraproductivas a mis metas para criar a mis hijos y contraproductivas para mi salud propia. Para mí, el camino de menos resistencia es la vía más cómoda al igual que ser la menos productiva. Tuve que recibir un recordatorio de servicio público de un amigo que me apoya mucho de practicar la implementación Correcta y Consistente de FAMILIA en mi propia casa—y ¡yo soy el autor del sistema! ¡Imagínate! ¡El ser un padre consistente les ayudó a mis hijos a comportarse mejor!

Una vez trabajé con una familia en Oregón. Martha, una madre muy alta, tomó mucho orgullo de pelearse con los miembros del consejo de la escuela, los maestros y los funcionarios de la ciudad. Habló abiertamente en frente de sus niños acerca de la ineptitud de varias autoridades. Estas autoridades siempre estaban equivocados y Martha siempre tenía razón. También, Martha siempre vocalizó autocrítica con respecto a su estatura con sus niños. Ella vio a su estatura como una incapacidad y no deseaba esta maldición en ninguna otra persona, especialmente sus hijos.

Martha se sorprendió mucho cuando yo junté el valor de sugerir que era probable de que su ejmplo inapropiado como madre contribuía a que su hijo, que era muy alto también, mostraba una actitud desafiante hacia la autoridad de los oficiales de la escuela, al igual que su autoestima baja con respecto a su propia estatura. Sabes que, Martha le llevó a su hijo, Warren, a terapia porque la actitud desafiante de su hijo hacia la autoridad en la escuela había comenzado a infiltrarse en la casa. Warren le decía "no" con mucho más frecuencia y con más desafío. Te pagarán con la moneda que pagues. A ella no le gustó la idea de que sus acciones contribuían a los problemas de comportamiento de su hijo. Les enseñé FAMILIA a Martha y a su esposo lo cual decidieron implementar de mala gana en su casa con su hijo. Lo hicieron de mala gana porque ahora tenían que practicar lo que predicaban. Martha ya no podía romper sus propias reglas para con su hijo. No podía hablar en una forma despectiva en cuanto a las autoridades, no podía decir malas palabras y tenía que hablar en una forma positiva en cuanto a su propia estatura. Mediante los consejos y la implementación de FAMILIA en su casa, la familia se ha cambiado a caminar en la dirección correcta. El año siguiente, me topé con Martha en la feria del estado. Ella compartió que a Warren le iba mucho mejor. Ya no tenía problemas en la escuela y que ahora le encantaba su estatura. Ella reconoció que en un principio tenía pocas ganas de implementar FAMILIA, pero que estaba contenta de haberlo hecho. También dijo que estaba agradecida que yo le había enfrentado con respecto a sus asuntos de auto-estima baja en cuanto a su propia estatura que de pronto tenía un efecto adverso en su hijo. Las estrategias cognitivas de intervención a través de la asesoría también le eran de ayuda en cambiar su modo de pensar hacia una dirección más positiva.

Yo compadecía mucho con Martha y su hijo, Warren, con respecto a los asuntos de ser muy altos. Yo mido seis pies, nueve pulgadas (un poco más de dos metros) y durante toda la vida siempre he sido más alto que mis compañeros. Durante la escuela primaria, con frecuencia llegaba a la casa llorando. Tomando el tiempo para descubrir la razón, mi madre descubrió que mis compañeros se burlaban de mi porque yo era más alto que ellos. Me llamaban por muchos nombres y no me incluían en sus juegos al tener los descansos en la escuela. Mi madre era alta. Ella hablaba de su estatura y la mía con mucho orgullo. Me enseñaba que debía de pensar en mi estatura en varias formas positivas. Como resultado, he usado mi estatura para abrir muchas puertas a niveles sociales, académicos (mediante una beca para jugar baloncesto para la universidad), en mi área de empleo y en campo de los discuros públicos. Mi estatura y humor dicen mucho al hablar a un grupo de personas. El ser un doctor de psicología ayuda también. Al final, el conocer y confiar en Dios es la crema en el postre que abre puertas para el éxito.

Otro ejemplo de acciones de padres de familia que contribuyeron a los problemas de un hijo se ve en el caso de Todd, Kris y David. Fueron enviados a mi oficina en Nueva Jersey porque David había llevado marijuana, una pipa para marijuana y hongos a la escuela. Yo estaba confundido durante la entrevista diagnósitca en cuanto a por qué Todd y Kris, los padres, sólo expresaron su preocupación por la posesión de los hongos y no la marijuana. Después de todo, esta ocasión representó el tercer delito con la posesión de marijuana. ¿Quiénes como padres de familia no estarían enojados a estas alturas del juego?

Más tarde até los cabos en una sesión de asesoría. Todd y Kris expresaron una ideología que la sociedad en sí está equivocada en cuanto a los narcóticos y que hay que hacer que sean legales todas las drogas, especialmente la marijuana. Ellos se adhierieron abiertamente a su ideología en frente de David, y sin embargo, se sorprendieron que fue detenido por tercera vez en la escuela por la posesión de drogas. ¡Perdónenme! Cuando mencioné la posibilidad de que su ideología personal contribuía a la delicuencia de su hijo, me miraron como que estaban perplejos. Aunque pensaban que las leyes contra las drogas fueron erróneas, pensaban que su hijo tenía suficiente sentido común de no llevar drogas a la escuela. En sus mentes, el problema era la falta de sentido común de su hijo—no su ideología ni sus acciones como padres. A fin de cuentas, ellos son los correctos y somos todos los demás que estamos equivocados.

La Falta de Acción por parte de los Padres de Familia

Algunos ejemplos de la falta de acción por parte de los padres de familia que pueden contribuir a problemas en la niñez y el desafío consisten de negligencia, el abondono, el no estar presentes por culpa de una actitud de tener que trabajar y/o la falta de tomar acciones disciplinarias. Padres de familia muchas veces tienen miedo de tomar una acción, con el temor de que su hijo pudiera salir de la casa, llegar a ser violento, alejarse, o no hablarles más, o cometer un acto de auto-daño, incluso la posibilidad de suicidio.

Una vez, yo trabajaba con una madre soltera llamada, Connie, que tenía un hijo adolescente, Ed, y una hija adolescente, Teresa. Ed y Teresa le daban bofetadas, le golpeaban, le pateaban y le decían palabrotas a su madre con el vocabulario de un marinero. Frecuentemente le tiraban contra la pared amenazando la vida. Connie experimentó maltratamiento verbal y físico de Ed y Teresa cuando estaban en la casa. Llegaban y salían como les daba la gana y desafiaron las autoridades en la escuela también. Connie temía ponerse dura con sus hijos porque no quería recibir el maltratamiento físico de una forma más frecuente que en la que actualmente lo estaba experimentando. También le amenazaban con la posibilidad de que saldrían a vivir con su padre en otro estado si ella no dejaba hacer lo que ellos querían.

Le ayudé a Connie a refortalecer su auto-estima después de varias sesiones de asesoría. Ella tenía que verse como una madre con una espalda de acero en vez de una de fideos. Luego le enseñé las Reglas de FAMILIA y ayudé a explicárselas a sus hijos. Jamás había escuchado tantas palabrotas en mi vida y eso que yo jugaba al baloncesto en la universidad (mis compañeros en el quipo no se comportaron como misioneros en el vestuario). Connie se puso firme en una sesión y les dijo a Ed y Teresa que iban a seguir FAMILIA en su casa o bien podrían ir para vivir con su padre. Connie también les dijo que llamaría a la policía si le maltrataron físicamente otra vez. Connie les sacó el viento de la vela a Ed y Teresa porque en verdad nunca querían vivir con su padre. Usaban esta amenaza de dejar a su madre para vivir con su padre como un mecanismo para tomar control de ella. Una vez que yo le había convencido a Connie de que Ed y Teresa le estaban engañando como un jugador de póker en Las Vegas, ella reconoció el juego. Ya no eran los reyes del monte y se cayeron rodando mientras que la mamá subió al trono. La familia se había revuelto. Como resultado, su comportamiento se mejoró de una forma notable.

Aproximadamente dos años más tarde, Connie volvió a mi oficina bajo la insistencia de sus hijos. Todos me habían informado que su familia se estaba regresando a los puntos en los que había estado anteriormente. Ed y Teresa ya no estaban felices. Aparentemente, Connie ya no implementaba FAMILIA en una forma correcta y consistente en la casa. ¿Recuerdas "las dos palabras que comienzan con C?" La implementación correcta y consistente. Fue algo sorprendente ver que Ed y Teresa estaban pidiendo el re-establecimiento de FAMILIA en su casa. Ya estaban cansados de los gritos de su mamá y la implementación inconsistene de los premios y las consecuencias. Requiere de mucho esfuerzo mantener una hora específica para irse a la cama cuando el sol todavía no se ha puesto y son las doce de la noche. Connie se hizo víctima del verano en Alaska – la tierra del sol a medianoche. Era mucho más fácil dejar que sus hijos salieran sin preocupaciones que de implementar FAMILIA de forma correcta y consistente.

Connie no prestó atención a lo que dijo el médico, o en este caso, lo que dijo el psicólogo. Cuando enseño FAMILIA a familias, les digo que deben de tomar FAMILIA hasta que se acabe. Generalmente, los miembros de la familia me miran con miradas extrañas en las caras y preguntan, "¿Qué quieres decir con ´hasta que se acabe´?" En ese momento, doy un poco de educación utilizando una analogía respecto a los médicos y como ellos dicen que hay que tomar un medicamento que han recetado hasta que se acabe. Frecuentemente, los médicos amenazan a sus pacientes en cuanto a dejar de tomar el medicamento solamente porque se sienten mejores. Algunas personas guardan el resto de su medicamento para que lo tengan para la próxima vez que se enfermen porque no quieren pasar por la inconveniencia de tener que verle al médico otra vez. Sin embargo, porque deciden no escucharle al médico, y no terminan de tomar el medicamento, la enfermedad vuelve y los llega con el doble de la potencia de antes. Resulta que estos padres de familia regresan a su médico, y a fin de cuentas, pasan más tiempo y gastan más dinero para recuperarse de la enfermedad. Se habrían recuperado más rápidamente si sólo hubieran seguido lo que les había indicado el médico.

De la misma forma, familias necesitan tomar FAMILIA hasta que se acabe. O en otras palabras, hay que implementar FAMILIA en la casa hasta que el último hijo haya cumplido los diesiocho años, se ha graduado de la escuela preparatoria, y ha salido de la casa. La falta de acción por parte de Connie le llevó a su propio castigo por parte de sus hijos, que antes le habían maltratado tanto física como verbalmente. Connie pensaba que la vida en casa les iba mucho mejor de lo que pensaba así que se aflojó en cuanto a la implementación correcta y consistente de FAMILIA. Ed y Teresa querían estructura y orden consistentes en su casa que entregaron a su madre a la policía de FAMILIA. Esto sería yo o cualquier otro consejero de Reglas de FAMILIA. (Ver el Apéndice A para más información.)

Finalmente, se puede notar la falta de acción por parte de los padres de familia en el caso de Jason y Cathy y su hijo adoptivo, Carl. Por muchos años, Carl parecía ser un niño perfecto; sin embargo, lentamente comenzó a cambiar hacia lo peor al notar que preocupaciones sobre la adopción surgían. Comenzó a pasar tiempo con la gente equivocada, comenzó a fumar y a usar drogas. Poco a poco, dejó de asistir a la escuela. Amenazó golpear a su madre y padre cuando intentaban enfrentarlo con respecto a sus problemas. Es verdad decir que tenían miedo para tomar algún tipo de acción porque Carl le había golpeado a su hermano mayor, Keith, con un bate de béisbol el año anterior. Su parálisis como padres de familia, causado por las amenazas de Carl, contribuyó a su caída.

Jason y Cathy eran personas humildes, amables y amaban a Dios. Decidieron darle a Carl un poco de espacio y tratar de amarle tanto para que volviera a ser un buen niño, pero se puso peor. Sin saber, lo estaban amando hasta la muerte. Buscaron mis servicios de asesoría y pruebas psicológicas para ayudarles a ocuparse de Carl. Después de reunirme con Carl y sus padres un par de veces, tuve que decirles a Jason y Cathy que Carl necesitaba de un tratamiento residencial a largo plazo para poder enfrentar su problema con el comportamiento. Las actitudes y los comportamientos ya estaban fuera de control. No tenía respeto para con sus padres, otras personas de autoridad o para sí mismo. Se estaba conduciendo hacía el derrumbe y la encarcelación o a una muerte prematura. Necesitaba tratamiento residencial a largo plazo inmediatamente o sería, "Hasta la vista" para él de una forma u otra.

Va sin decir que mi recomendación resultó ser un gran desafío para que Jason y Cathy la aceptaran. No querían mandarle a Carl a que saliera otra vez. Ya le habían mandado a una escuela de "snowboarding" en los estados continentales de los Estados Unidos y no notaron que se había mejorado. Carl declaró que sentía razones de abandono relacionadas a su adopción. Carl sabía como tenía que apretar los botones de la culpabilidad. Les aseguré de que la World Wide Association of Specialty Programs (www.wwasp.com) (la Asociación Mundial de Programas Especiales) posee locales de tratamiento de alta calidad, tienen un porcentaje fantástico de éxito y tal vez los mejores programas en el Planeta Tierra para ayudarle a su hijo. Les di nombres y números de teléfono de otros padres de familia que habían mandado a sus hijos a este programa para que pudieran hablarles buscando apoyo. También les dije de un grupo de apoyo local para padres con adolescentes con problemas que se reúne en el hospital local de Fairbanks cada domingo por medio. Se puede comprender que Jason y Cathy esperaron. Necesitaban tiempo para pensar y orar.

Al pasar el tiempo, el comportamiento de Carl se puso peor. Hizo entender muy claramente que él era su propio jefe y no iba a obedecerles a sus padres o a cualquier otro adulto en una posición de autoridad. El ver surgir de vez en cuando las características positivas de Carl hacía que sus padres se mantuvieran atados a un hilo pequeño de esperanza de que al final cambiaría y que no tendrían que intervenir. El sol se puso encima de su esperanza y Jason y Cathy gradualmente se dieron cuenta y aceptaron el hecho de que Carl necesitaba tratamiento residencial lo antes posible. Casi tenía diesisiete años así que sólo les quedaba un año para efectuar un cambio positivo en su vida.

Por fin estaban dispuestos de ponerse firmes e implementar los "dientes" que FAMILIA proporciona y fomenta como una opción de último recurso. Así es que yo les di a los padres de Carl las opciones de escolta profesional que al final lo esoltaron a Samoa del Oeste. Voy a dar más detalles sobre la historia de Carl más adelante en el libro. No se vayan.

Los Niños Tienen Libre Albedrío

Aunque las acciones de los padres o la falta de ellas dicen mucho más que palabras y tienen una gran influencia en la familia, favor de no olvidar que los niños y adolescentes también tienen libre albedrío. Ellos pueden escoger si van a obedecer o no a pesar de las influencias de los padres de forma contraria.

He trabajado con padres de familia que son casi perfectos que parecían tener a un franco-tirador de Washington DC o un terrorista internacional como niño. Ellos practican lo que predican, aman a sus niños sin condición alguna, los proporcionan con la estructura correcta y consistente, y todavía sus hijos deciden tirarse al lado profundo del pozo negro de desafío y desobediencia. También, he trabajado con "los padres del infierno," que tienen niños en la lista de excelencia en las escuelas, que participan en deportes y clubes de la escuela que no toman ni fuman ni mastican tabaco y no pasan tiempo con los chicos que lo hacen.

Al estar asistiendo a la escuela de graduados en Oregón, trabajé con un hombre amable llamado Allen. Era un hombre simpático que se sentía abrumado por mucho dolor e ira con raíces en su pasado. Allen se crió en una casa con padres que lo querían muchísimo. Derramaban su tiempo y recursos en corregir sus problemas de desarrollo (como por ejemplo, los pies, los oídos, el habla y problemas de ortodoncía) y se involucraon mucho en su desarrollo atlético. Esta inversión pronto se convirtió en una beca completa para jugar al fútbol americano al nivel universitario. Sin embargo, a pesar de su amor y devoción, ellos también tuvieron sus problemas familiares. El alcoholismo de la mamá de Allen comenzó a mostrarse en el momento en que él comenzó el nivel nueve en la escuela. Su padre siempre había tenido problemas con el manejo de la ira y el estrés del trabajo no ayudó mucho con el asunto. De vez en cuando los padres de Allen tomaban turnos en maltratar verbal y físicamente a sus hijos – su mamá durante los episodios de la borrachera, y su papá durante los episodios de ira.

En una ocasión, Allen se hallaba en su último año de la escuela preparatoria, su mamá entró a su cuarto en la madrugada. Allen se estaba durmiendo profundamente. Su mamá estaba borracha. Comenzó a golpearle a Allen hasta que se despertó y le dijo que era un hijo malísimo. Este episodio siguió por varios minutos y Allen se quedó en la cama en un estilo de "shock." Estaba muy confundido por las palabras que había usado su mamá porque él recibía buenas notas en la escuela, practicaba activamente los deportes, participaba en el coro de la escuela, participaba activamente en el grupo de jóvenes de la iglesia y nunca tomaba alcohol ni usaba drogas. La mamá de Allen terminó su perorata proclamando, "¡A veces pido a Dios que nunca te hubieras nacido!" Ella salió del cuarto. Allen se quedó en la cama, llorando, con una mirada fija en el techo en la oscuridad. Aunque amaba a sus padres, le dolió mucho a Allen y estaba enojado con Dios por haberle puesto con esta familia. Rezó, "¿Dios, qué hice yo para merecer este tipo de tratamiento?"

Lo único que Allen podía recordar en su vida era que sus padres casi nunca se llevaban bien. Recordaba teniendo mucho miedo como un niño de tres años, acostado en su cuarto del segundo piso, mientras que sus padres se gritaban. Esto continuaba casi todas las noches. A pesar de todo, Allen a veces se sentía seguro y protegido por que él se hallaba en la cama, en su cuarto, con su cobija. Ahora, quince años más tarde, su ira había invadido el refugio del cuarto de Allen. La mamá de Allen regresó a su cuarto unos cinco minutos más tarde llorando, todavía muy borracha, queriendo pedir perdón por lo que había dicho. Ella quería que Allen la perdonara y no iba a salir de su cuarto hasta que él le abrazara y le diera un beso. Va sin decir que Allen ni siquiera la quería tocar. Su aliento olía a una cervezería. Si alguien hubiera prendido un cerrillo en ese momento, hubieran perdido esa parte de la casa. Le dolía a Allen, sentía ira y quería vomitar a causa del hedor. El pensar que le iba a dar un abrazo y un beso era más de lo que podía soportar.

En ese momento de la vida de Allen, durante su último año en la escuela preparatoria, él era un hombre grande por su edad. El hecho de ser un jugador de fútbol americano significacba que él bien podría haberle levantado a su mamá y haberle echado del cuarto; sin embargo, Allen la quería y respetaba. Allen decidió honrarla con su comportamiento en vez de usar su alcoholismo y maltratamiento verbal y físico como una excusa para hacerle daño. Después de poco tiempo, Allen le dio un abrazo y un beso a su mamá nada más para que saliera del cuarto. Ella salió del cuarto sintiéndose mucho mejor. Allen se quedó en la cama, llorando, mirando al techo preguntándole a Dios, "¡¡¿Por qué?!!" La mañana siguiente, la mamá de Allen parecía como que nada hubiera pasado la noche anterior. Le dolió mucho a Allen. Años más tarde, Allen aprendió que su mamá estaba experimentando una pérdida del conocimiento debido al alcohol.

Ella había hecho daño a células de su cerebro. El alcohol había hecho tanto daño a sus células del cerebro que ella no podía recordar lo que le había pasado la noche anterior en el cuarto de Allen.

A pesar de este ambiente que veía maltratamiento ocasional en el que Allen se crió como niño y adolescente, él todavía podía distinguir entre el bien y el mal y podía escoger lo correcto. Allen no usó las faltas y fallas de sus padres como excusa para comportarse en la misma forma. Gracias a la influencia positiva del pastor del Allen, su meta como adolescente era de honrarle a su madre y padre sin importar las circunstancias. Allen nunca se emborrachó, nunca fumó marijuana, nunca asaltó a nadie. Sin embargo, es asombroso la cantidad de ocasiones que me encuentro a adolescentes en mi práctica privada que usan el ambiente de la disfunción familiar como excusa de comportarse como Mike Tyson o Marv Alberts (personas que han mostrado violencia en público). A cambio, estas personas están constantemente ´mordiendo´ las manos que les dan de comer. Aunque padres pueden tener una influencia en sus niños para el bien o el mal, nunca hay que olvidar que el "libre albedrío" del niño es una variable importante que se mezcla en la caserola de la vida. Un niño decide comportarse mal aunque fuera criado correctamente. Puede ser muy confuso. Sin embargo, hay que hacer que los niños sean responsables por sus acciones y decisiones. A veces los padres optan por no hacer que sus niños sean responsables a causa de su propia culpa de errores en el pasado por parte de los padres. Esta falta de acción de los padres solamente lleva a la creación de monstruos en la casa.

Como mencionaba anteriormente, los niños tienen libre albedrío. FAMILIA no es un libro de "vamos a echarles la culpa a los padres." Más bien es un libro de "vamos a ayudarles a los padres a que aumenten las posibilidades de criar niños que sean saludables emocionalmente y que sean obedientes." El tener niños perfectos no es la meta de FAMILIA. Cumplimiento con y respeto aumentado para la autoridad adulta es la meta de FAMILIA mediante el ser un padre de familia positivo. "Honrarle a tu madre y tu padre" no es una virtud mala que los niños deben aprender. La mayoría de los padres no discuten esta meta, pero lo que es sorprendente, algunos padres lo hacen. Imagínate. Voy a hacer comentarios más detallados en cuanto a esta realidad triste en el próximo capítulo.

2 Los Apuntalamientos Filosóficos de FAMILIA

TODOS LOS SISTEMAS existentes que se tratan de lo que es ser padre de familia tienen apuntalamientos filosóficos como cimientos. Esto es la fuerza de inercia que hace que funcione un sistema de ser padre de familia, si es que funciona. Asimismo, FAMILIA tiene sus apuntalamientos filosóficos que hacen que este sistema disciplinario funcione en la casa por parte de los padres. A varios padres de familia les hace falta aunque es una filosofía de lo que es ser padre de familia en su casa más allá de prestar atención a pensamientos y sentimientos que uno experimentó en su niñez: "¡Cuando yo sea padre, no voy a criar a mis niños de la misma forma en que la hicieron mis padres!" A diferencia de otros sistemas de lo que es ser padre de familia, FAMILIA le proporciona más que solamente los apuntalamientos filosóficos de criar a sus hijos en el mundo real. En su lugar, FAMILIA también les proporciona a los padres de familia con pasos específicos para implementar la filosofía y lo hace en el momento de permitir que los padres de familia incorporen sus valores y morales únicos. En lo que queda de este capítulo identificaremos y explicaremos lo que son los apuntalamientos filosóficos de FAMILIA.

1. El "mundo real" es un mundo ordenado y estructurado y la falta de orden y estructura resulta en caos.

Verás que existe algún nivel de orden y estructura dondequiera que vayas en el mundo. Esas variablas importantes representan lo que hace que el mundo gira. Sin orden y estructura, no sabríamos adónde tendríamos que ir y lo que tendríamos que hacer. ¿Cómo fijaríamos una prioridad en nuestras metas sin saber primero los objetivos y la declaración de nuestra misión? ¿Cómo hay que tomar decisiones? No todos podemos ser la cabeza. Alguien tiene que ser los brazos, las manos y los pies. Alguien tiene que limpiar la suciedad en el fondo y sacar la basura. Todas las posiciones tienen igual de importancia al hacer que el orden y la estructura funcionen. No importa si estamos hablando de varias organizaciones internacionales como las Naciones Unidas, OTAN u OPEC; o gobiernos nacionales como los Estados Unidos, Rusia o China; o gobiernos estatales como Nueva York, Texas o California; o gobiernos locales como el consejo municipal, la oficina del alcalde, o el consejo de la escuela; o los grupos con bases fundamentales como MADD, los Ángeles Guardianes, o la NAACP; o los grupos privados como las iglesias, las sinagogas, el Club Rotario, los Scouts, la organización y estructura son los huesos que hacen que todo se quede junto. Sin orden y estructura seríamos como ovejas perdidas sin un pastor. Nos encontraríamos caminando por dondequiera en el desierto sin propósito ni dirección. Como resultado, el caos resultaría como se vio en Cambodia, Somalia, Bosnia, Kosovo, Timor del Este o Tallahassee, Florida. ¡Sólo es una broma Florida!

¡¿Imagínate tener la suerte de haber ganado dos boletos para estar en la primera fila a media cancha para ver el Super Bowl(Super Tazón)?! Los dos mejores equipos de la NFL jugando para el campeonato. Llegas al estadio con tu hijo y no hay filas, solamente montones de personas hormigueando alrededor del estadio intentando entrar. Notas que muchos están empujando y gritando palabrotas a los porteros. Pasas varias horas para entrar. Te preocupa un poco la falta de organización en las entradas, pero está bien, después de todo ¡tú te encuentras en el Super Bowl, sin haber pagado y tienes los mejores asientos del estadio! Caminas hacia tus asientos y te quedas parado ahí mismo al ver que hay dos peronas que están intentando conseguir sus asientos al lado de los tuyos. Hay un grupo hombres fuertes que están borrachos, parece que podrían participar en la lucha libre, con caras pintadas y que agarran a las dos personas que actualmente están en tus asientos y las tiran por las barreras a la cancha. Tú hablas con las guardias de seguridad del estadio para contarles de lo que acabas de ver al igual a tu deseo de pasar a tus asientos codiciados. El encargado de las guardias de seguridad se ríe en tu cara. Te dice, "¡no macho, no hay asientos asignados, los que llegan primeros se sientan primeros!" De repente, te das cuenta de que no vas a ver el partido desde los dos mejores asientos en el estadio.

Por fin te sientas en los últimos dos asientos en la última fila del estadio justo atrás de uno de los goles, cuando tiran la moneda. Los capitanes del equipo que indican lo que quieren al tirar la moneda no adivinaron bien y deciden pegarles a los árbitros. Los dos equipos enteros entran a la cancha y sucede una pelea tremenda. Pasa una hora antes de separar a los dos equipos y llevar los heridos para atenderse. Al estar ahí esperando, hablas con el hombre al lado tuyo que sólo tiene un ojo. Tú sabes, el hombre que tiene el parche para cubrir el ojo y la cicatriz en la garganta. Después de varios minutos, te enteras de que él consiguió su boleto para este partido de una viejita a la que había golpeado antes de entrar al estadio. También explica cómo perdió el ojo y consiguió su cicatriz en los últimos dos Super Bowl.

Por fin el partido comienza. Te das cuenta de que no hay árbitros en la cancha y que el reloj no corre. Los jugadores están tirando la pelota de acá para allá y están corriendo por dondequiera en la cancha. Nadie le está prestando atención a su director técnico. Depués de diez minutos más de observación, sales del estadio sin decir nada porque quieres que tu hijo y tú salgan vivos y sin daños. Has dicho basta al caos. La organización y estructura hubieran hecho que disfrutaras más de tu experiencia en el Super Bowl. Afortunadamente para los fanáticos del fútbol americano, el Super Bowl es dirigido con un nivel alto de profesionalismo, organización y estructura. La mayoría de nosotros hemos notado este hecho a lo largo de los años gracias a los mejores asientos en el estadio – desde el sofá de nuestras casas, puesto estratégicamente cerca de la cocina y el baño. Estos asientos son baratos y no vamos a perder los anuncios comerciales del Super Bowl que salen en la televisión.

2. Una jerarquía para la autoridad y un respeto saludable para ella es una parte vital al hacer que el orden y la estructura funcionen en una forma eficaz.

Otra vez, dondequiera que vayas en el mundo, encontrarás evidencia de la necesidad de orden y estructura. Como mencioné anteriormente, alguien tiene que ser la cabeza. El tener muchos jefes en la cocina puede arruinar una buena comida. Cada sinagoga tiene un rabino. Cada escuela tiene un director. Cada ciudad tiene un alcalde. Cada estado tiene un gobernador. Cada país tiene un primer ministro, rey, presidente o dictador. Un respeto saludable para los que están en posiciones de autoridad es definitivamente una parte vital de hacer que el orden y la estructura funcionen bien en una forma eficaz.

Ahora imagina que tu hijo asiste a una escuela segundaria o una escuela preparatoria donde los estudiantes tienen una falta de respeto y una falta de cumplimiento para con la autoridad de los maestros y directores. Los estudiantes asisten a las clases cuando quieran, se pelean en los pasillos, llevan armas a la escuela, compran y venden dorgas en la escuela, dicen malas palabras a los maestros y se visten en una forma ofensiva sin mucha, o a penas ninguna, consideración para las consecuencias. Imagina que quieres que tu hijo aprenda en un ambiente seguro, organizado y estructurado, pero las autoridades de la escuela tienen miedo de implementar las consecuencias. Tienen miedo de que padres irresponsables y litigiosos los van a demandar porque tienen más interés en ganar un dólar fácil que preocuparse en que sus hijos aprenden algo, especialmente respeto y responsabilidad. También te enteras de que las autoridades de la escuela tienen miedo de ponerse firmes porque el consejo de la escuela no los apoya por el mismo temor a una demanda. Como resultado, imagina que has puesto a tu hijo en una escuela privada o una escuela de carta (charter school en inglés) donde el nivel de tolerancia para los comportamientos inapropiados es mucho menos y los maestros reciben el apoyo de los administradores y padres. Un pleito civil es lo último que están pensando. El enseñarles a los niños "los tres R" es el enfoque principal. A fin de cuentas, todos saben que el niño va a recibir las consecuencias en la escuela y en la casa por no haber seguido las reglas, especialmente por no mostrarle respeto a las autoridades. ¡Imagínalo! Tanto padres, como maestros y administradores trabajando juntos, comunicándose entre sí claramente, pueden fomentar un respeto saludable para los estudiantes en la casa, escuela y comunidad.

Favor de tomar el párrafo anterior como una aprobación de las escuelas privadas o de carta en comparasión con las escuelas públicas. Yo me eduqué en las escuelas públicas. Estoy muy contento con la educación que recibí en las escuelas públicas de la Escuela Primaria de Morningside, la Escuela Segundaria Leslie, y la Escuela Preparatoria de Salem todas en Salem, Oregón. Me encantó la educación pública que recibí en la Universidad de Alaska en Anchorage al igual que la que recibí en la Universidad de Rutgers en Nueva Jersey. Al final, también me encantó la educación privada que recibí en la Universidad de George Fox en Newberg, Oregón. Me quedé satisfecho con todos los ambientes de aprendizaje. En la actualidad, los tres hijos asisten a las escuelas públicas en Grants Pass, Oregón. Existen pros y contras en cada situación. Sin embargo, en cada escenario, si los estudiantes no tienen un respeto saludable para las autoridades en la escuela, ninguno de nosotros como padres de familia querdará encantado con el ambiente de aprendizaje. La mayoría de los padres percibirían un ambiente desorganizado como un lugar sin estructura y un lugar ineficaz cuando llega al momento de cumplir con las necesidades educativas de nuestros niños. Todos podemos trabajar juntos para mejorar el respeto de nuestros niños para con la autoridad, organización y estructura en los escenarios públicos y privados.

3. La autoridad fluye desde arriba hacia abajo; sin embargo, sin restricciones, balances y retroalimentación existe un riesgo aumentado de desarrollar una dictadura (el Poder Absoluto Corrompe – pregúntale a Adolfo Hitler).

El vice-presidente no le dice al presidente lo que tiene que hacer. El empleado no le dice al empleador lo que tiene que hacer. El demandado no le dice al juez lo que tiene que hacer. Finalmente, el niño no le dice al padre de familia lo que tiene que hacer. Es un hecho bien reconocido en el mundo que la autoridad fluye desde arriba hacia abajo. Sólo hay que preguntarles a los disidentes de la Plaza de Tienaman en China. Yo apoyo lo que estaban haciendo el día en que fueron asesinados por su propio ejército. Me puedes dar democracía en vez del comunismo cualquier día de la semana. Sin embargo, los disidentes sabían que estaban tomando un riesgo de la vida al desafiar la autoridad de su nación. Nuestros antepasados y fundadores reconocían el riesgo también cuando desafiaron al Rey de Inglaterra y sus Hombres en Rojo. Los Confederados reconocían el riesgo que corrían al desafiar al Presidente Lincoln y los soldados Yanquis. El poder siempre es lo que respalda la autoridad. Sea correcto o equivocado, el poder es lo que hace que la autoridad sea eficaz. Sin embargo, el poder absoluto corrompe. Es importante para las personas en posiciones de autoridad a estar abiertos a la retroalimentación de los que caen bajo su mando en la jerarquía de autoridad. De otra manera, ellos también se van a convertir en una dictadura absoluta y van a desarrollar una ceguera para con sus prácticas equivocadas.

Era el destino de Adolfo Hitler ser líder. En el principio, el quería estudiar en el seminario y llegar a ser un sacerdote. Poseía un deseo fuerte de guiar a otros, por lo que él creía ser, un camino a la justicia. Desafortunadamente, en vez del seminario, las puertas del servicio militar, y de pronto la política, se abrieron. No quedó abierto a la retroalimentación de los que servían directamente bajo su mando. Su poder absoluto, su justicia auto-percibido, y su deseo de no escuchar a los que servían bajo su mando pronto corrompieron su corazón y mente además de los de varios alemanes que lo siguieron a ciegas. Como resultado, algunos de los hombres de Hitler trataron de asesinarlo sin éxito. Su determinación era de demostrar el dominio de la nación aria blanca. Afortunadamente, Jessie Owens, un afro-americano, llovió en la fiesta racista de las Olimpiadas en Munich, Alemania. Jessie Owens corrió más rápido que los mejores atletas de Hitler para llevar la medalla de oro de vuelta a los Estados Unidos. Desafortunadamente, las habilidades del liderazgo de Hitler fueron usados para matar a millones de hombres, mujeres y niños. Tú sabes cómo termina el cuento. Los norteamericanos y los rusos encerraron a Berlin y la caída de Hitler fue inminente. Al final Hitler asesinó a su esposa y se suicidó. El poder absoluto corrompe y lleva a fines muy decepcionantes que afectan las vidas de muchas personas.

Imagina a un padre de familia que se convierte en un dicatador absoluto en la casa. El dictador como padre de familia cree que sólo él o ella sabe lo que es lo mejor para la familia. La pareja y los hijos no saben nada. La otra pareja tiene muchas ganas de tomar parte en lo que es ser padre de familia, tomar las decisiones juntos, pero es negado la oportunidad de hacerlo a causa de la falta de cooperación, apatía, insultos, maltratamiento o amenazas con divorcio que se usan frecuentemente con los padres de familia que son dictadores. Imagina que los niños llegan a enojarse, o a deprimirse y posiblemente comienzan a experimentar con las actividades inapropiadas como un acto de rebelión contra el tirano dominante en la casa. Imagina la pareja del dictador que retrocede a su propio mundo para poder aguantar la realidad dura de vivir bajo la influencia de su cortina de hierro donde el miedo de recibir una bala desanima el escalar la pared para poder escapar. Esto no es un ambiente en el que uno querría vivir sea un país comunista o una familia disfuncional. Al final, imagina que estás mirando otra película hecha para la televisión que se trata de un niño que mata a su padre a causa de una historia de maltratamiento físico hacia él y su madre. Oh qué tal un programa en la televisión que se trata de una mujer maltratada que le prende fuego a la cama de su esposo en un acto desesperado de escapar. Desafortunadamente estos eventos han ocurrido y, como mencionamos anteriormente, el poder absoluto corrompe y conduce a conclusiones muy tristes. Hay una mejor manera. Sigue leyendo.

4. Las familias necesitan tener orden, estructura y una jerarquía de autoridad. La autoridad fluye desde arriba hacia abajo dentro de las familias – no alrevés (por ejemplo, los niños tienen que aprender un respeto para con la autoridad – sea padres de familia, maestros, policía o clérigos, etc.).

Sin tener que repetir lo obvio, voy a suponer que has leído bien los apuntalamientos filosóficos anteriores. Me enseñaron en algunas clases de trabajo social y sicología que los sistemas ideales en la familia son democráticos. Todos tienen la misma palabra y el mismo voto. La filosofía de ser padres democráticos se usó también en algunos ambientes de tratamiento donde he trabajado. Yo era joven e idealista cuando primero entré a la profesión de la salud mental. Mis instructores por cierto sabían mejor que lo que demostraron mis padres durante mis años formativos. Entonces, intenté ayudar a familias a aprender y practicar el modelo democrático de ser padres de familia. Solamente había un problema. Nunca funcionó. Los padres de familia pronto llegaron a sentirse frustrados porque el sentido común les decía que deberían de tener autoridad y poder en la casa, pero esos supuestamente clínicos educados, me incluyo yo mismo aquí, les estábamos diciendo que deberían hacerlo de una forma diferente. Recuerdo padres de familia que me gritaban de que sus hijos iban a poder hacer lo que querían si ellos llegaran a practicar este model de ser padre democrático. Otra vez, nunca funcionó. En este momento, quisiera pedir perdón a esas familias, así lo debe hacer cada clínico que promueve el modelo democrático de ser padre de familia. El elevar una ideología clínica más allá de las realidades prácticas de la vida y de buena ciencia de comportamiento es sólo para servirse a uno y es moralmente reprensible.

Afortunadamente, estuve en otros ambientes de tratamiento terapéutico donde el ser padres democráticos no se practicó. En su lugar, se les animó a los padres de familia tomar control de su casa a convertirse en dictadores benévolos. En otras palabras, padres aprendieron a afirmar su autoridad con amor y buscar cumplimiento de sus hijos cuando tocaba seguir sus valores y morales. Aunque padres también recibieron las direcciones de que deberían de prestar atención a los pensamientos y sentimientos de los hijos con un oído sensible, al final de todo, los padres tenían la última palabra. Sólo hay dos votos -- el de papá y el de mamá. Se les enseñó a los niños que los padres de familia eran los encargados y que ellos tenían que aprender a someterse a la autoridad de sus padres, al igual que someterse a la autoridad de otros adultos en la escuela, la iglesia, la sinagoga y en la comunidad. Comencé a ver los beneficios de la modificación de comportamiento y cómo usar las técnicas con éxito para ver el cumplimiento de los niños para con sus padres y otras personas de autoridad.

Poco a poco, comencé a "rogar, pedir prestado y robar" varios conceptos de la modificación de comportamiento de mis experiencias de trabajar en diferentes escenarios terapéuticos y de la investigación sobre el comportamiento. Como resultado, nació FAMILIA. De vez en cuando, tengo padres en mi oficina que quieren ayuda con controlar las actitudes y el comportamiento de sus adolescentes, pero quieren que les enseñe el modelo de cómo ser un padre de familia democrático. Les digo que no y orfezco FAMILIA como una alternativa que ha tenido mucho éxito. A veces tengo que mandarlos a otro consejero, pero la mayoría, aunque sea de mala gana, tratan de aprender e implentar FAMILIA en su casa. Algunos padres se han interado del éxito que sus amigos han tenido con FAMILIA y llegan a participar con ganas en su casa. A veces, recibo una carta o una llamada por teléfono de esos padres que comenzaron con pocas ganas dando su agradecimiento por el hecho de que yo insistiera en no enseñarles el modelo democrático de ser padre de familia. Muchas veces ellos comparten los ejemplos de cambios positivos en su familia debido a la implementación correcta y consistente de FAMILIA (recuerdas, "las dos palabras que comienzan con ´C´").

5. La responsabilidad principal de los padres de familia es de prepararle(s) a su(s) hijo(s) para el "mundo real" que sí es un mundo ordenado, estructurado y requiere de un respeto saludable para la autoridad.

Si el mundo real es un mundo ordenado, estructurado y requiere de un respeto saludable para la autoridad, entonces ¿por qué diablos querría un padre de familia enseñarles a sus hijos que estas realidades no cuentan? Este tipo de padres no le están ayudando para nada a sus hijos ni a la comunidad. Sólo les están preparando para una vida llena de dificultades y fracasos. Los padres deben tomar el tiempo, porque sí lleva tiempo, para enseñarles a sus hijos de una forma correcta y consistente que el mundo real tiene reglas, normas, leyes y procedimientos. Hay que obedecer estas reglas porque el romperlas puede resultar en el desempleo, la cárcel, el divorcio o la muerte. Padres hacen un buen servicio tanto a sus hijos como a la comunidad cuando les enseñan tener un respeto saludable para la autoridad. Es preparación adecuada para el mundo real.

Desafortunadamente, algunos adultos no están dispuestos a cambiar sus propios hábitos o de tomar el tiempo necesario para dar disciplina correcta y consistente a sus hijos. He trabajado con algunos padres que tienen miedo de quitarles las riendas de control a sus hijos a causa de la tensión, el conflicto y la rebelión posibles como resultado. Trato de ayudarles a comprender que deben de tener miedo de lo que pasaría con sus hijos si no se pongan firmes. Su hijo puede terminar como drogadicto, viviendo en las calles, vendiendo sus cuerpos, encarcelado en una institución para jóvenes, o muertos. El miedo a lo desconocido puede ser como una epecie de parálisis para muchos padres.

Al hablar del miedo, un respeto saludable para la autoridad requiere de un temor reverente. Algunos terapistas, epecialmente los que utilizan el modelo democrático de ser padres, van a discutir contra el hecho de usar el temor reverente como una de las estrategias de intervención como padre de familia. Sin embargo, el temor o miedo no es necesariamente algo malo. El temor reverente es bueno. Hay un versículo en el Antiguo Testamento que dice algo como, "El temor de Dios es el comienzo de la sabiduría." Yo creo que este versículo dice la verdad que sólo un idiota le diría a Dios y sus mandamientos que no sirvían para nada. En la otra mano, los que son sabios escucharán y obedecerán a Dios. Temen las consecuencias de Dios si no obedecen. Hay un versículo en el Nuevo Testamento que dice algo como, "el amor perfecto descarta el miedo." Creo que este versículo dice la verdad que al fin y al cabo, cada individuo va a querer escuchar a y obedecer a Dios. A lo largo del tiempo, él o ella se da cuenta que los mandamientos de Dios se dieron como un acto de amor. Sus mandamientos nos protegen del mal en vez de ser una lista de reglas divinas que nos arruinan el día. De la misma forma, los niños que reciben la disciplina correcta y consistente por parte de sus padres, con el tiempo se dan cuenta que la disciplina de sus padres es un acto de amor – no un intento de arruinar las vidas de sus hijos.

Un ejemplo de como el temor reverente es bueno sería el hecho de enseñarle a un niño a que no debe de correr por todas partes en una playa de estacionamiento en el supermercado. Si lo hacen, es posible que tengan una cita con el "Sr. Azote" o algo peor, se convierte en un panqueque del estacionamiento. Otro ejemplo sería el hecho de enseñarle a sus hijos adolescentes que no van a decirle palabrotas a sus maestros o ir a fiestas y ponerse borrachos o para usar drogas. Si lo hacen, van a tener que aceptar las consecuencias de las cuales más adelante se van a arrepentir. Esas consecuencias no incluyen el maltratamiento físico y/o la tortura prolongada. Los niños que muestran respeto y un temor reverente en la casa van a tener ese mismo respeto y temor reverente para la autoridad fuera de la casa.

Lo más básico es que sin tomar en cuenta lo que dicen algunos profesionales en el campo de la salud mental, el temor es una parte de la vida y es algo que ayuda a hacer que el mundo siga adelante. Sin el temor, tendríamos problemas graves. Años atrás, cuando un amigo y yo estábamos caminando en un sendero al lado del Río Ruso en Alaska, dimos vuelta en un lugar y nos topamos con un oso pardo. El oso estaba sólo a unos cinco pies de donde nos econtrábamos. La cara del oso tenía una mirada de "shock" y estoy seguro de que nuestras caras tenían la misma mirada. ¡Te lo juro! El oso pardo se dio vuelta y corrió unos 50 pies, y nosotros hicimos lo mismo en la dirección opuesta. El oso se paró en las piernas de atrás para poder ver alrededor de los arbustos para ver lo que estábamos haciendo. Agitamos nuestras manos en el aire y gritamos. Nuestra esperanza era de asustarle al oso para que saliera. Desafortunadamente, este oso tenía un problema de actitud. Gruñió, se puso otra vez en las cuatro patas, y comenzó a correr hacia nosotros. Las únicas armas que teníamos eran las cañas de pescar.

Mi amigo comenzó a correr y agarré su hombro y le dije, "¡camina pero no corras! ¡Si corres vas a despertar su instinto de perseguir!" Le seguí a mi amigo, caminando rápidamente, mientras el oso pardo nos seguía por el sendero. ¡El temor es bueno! Cada vez que me fijaba para ver si el oso pardo nos seguía, él gruñiría y correría un poco más. Oré como nunca había orado antes. ¡El temor es bueno! Seguimos caminando rápidamente hasta llegar a la boca del sendero que nos había guiado a lo largo del río. Me fijé otra vez para ver lo que estaba haciendo el oso. Gruñío y corrió otra vez. Oré. ¡El temor es bueno! Al final, llegamos al pie del cerro. Ya no podíamos ver el oso. Ahora, yo estaba muy asustado. ¿Dónde estaba el oso ahora? ¡El temor es muy bueno! Subimos el cerro hasta donde estaba mi camioneta y subimos en la parte de atrás. Nuestros corazones latían y los dos estábamos dándole gracias a Dios que nos habíamos pasado al baño antes de bajar por el sendero al Río Ruso.

Dos días más tarde, leí en el *Anchorage Daily News* que los oficiales de la Pesca y Animales Silvestres habían matado al mismo oso pardo porque perseguía a otros pescadores. El oso intentaba intimidar a los pescadores para que dejaran caer los pescados. Quería una comida fácil y gratis. Desafortunadamente para el oso pardo, había perdido su miedo hacia el hombre. Había comenzado a pegarlos físicamente para aumentar el nivel de intimidación. Entonces, tuvieron que matarlo. ¡El temor es bueno! El temor es lo que hace que el mundo funciona. Si perdimos nuestro temor o miedo, nos metemos en grandes problemas. Los padres de familia tienen que enseñar esta realidad a sus hijos. Hoy en día, muchos niños y adolescentes no poseen el temor reverente para los padres, maestros, la policía, los clérigos y Dios.

6. Las reglas escritas ayudan a clarificar las expectativas que al final aumenta el cumplimiento y disminuye el comportamiento inapropiado para la mayoría de los individuos.

Tenemos que darnos cuenta. Dondequiera que vayamos en el Planeta, las reglas, las leyes, las regulaciones, los tratados, las normas y los procedimientos están escritos. Nos ayudan a saber cómo debemos comportarnos el uno con el otro. Las reglas en forma escrita funcionan como un contrato legal, ético y/o social entre individuos, instituciones y gobiernos. Si estos estándares escritos no se cumplen, entonces personas se quedan sin trabajo, van a la carcel, pagan multas con interés o tienen que trabajar prestando horas de servicio a la comunidad. Es posible que naciones entren en guerra si se rompe un tratado. Las reglas están escritas en las escuelas, iglesias, sinagogas, en el trabajo, los clubes, los gobiernos, bares y hasta en los aviones.

Cada institución en el planeta ha tomado el tiempo de desarrollar y poner en lugares prominentes las reglas en forma escrita, con excepción de la institución más importante en el mundo – la familia. En la familia, la mayoría de los padres solamente tienen una lista de las reglas en la mente. Mamá tiene una lista de las reglas en su mente y papá tiene una lista en su mente. Algunas reglas son reglas en común; sin embargo, mamá tiene algunas reglas que papá no reconoce, o sí las reconoce pero no está de acuerdo con ellas. Asimismo, papá tiene una lista de reglas en su mente que mamá no reconoce, o sí las reconoce pero tampoco está de acuerdo con ellas. Este escenario común en la mayoría de los hogares conduce a una gran tensión y conflicto entre el matrimonio al igual que entre los padres de familia y sus hijos.

El hecho de que la mayoría de los padres no ponen en forma escrita para la familia resulta en una conexión cerebral Vulcánica (de Viaje de las Estrellas) para que los niños puedan obtener las reglas de las mentes de sus padres. En otras palabras, muchos niños tienen que adivinar lo que les va a agradar a sus padres o no durante cada día de la vida. El hecho de que si va a haber consecuencias con respecto a las reglas también varía según el humor y niveles de energía de uno o ambos padres de familia. ¡Qué confuso es para los niños! Los padres supuestamente tienen que prepararles a los niños para vivir en el mundo real. ¿No tiene sentido que las reglas en la casa estén escritas igual a todo el resto del mundo? ¿Quién puede discutir en contra el buen sentido común? ¡Epa! Hablé demasiado temprano.

Una vez hablé con un terapista a quien voy a llamar Clyde. Él no podía ver el valor de escribir las reglas en la casa. Clyde quería ver la investigación que apoyaba mi delcaración filosófica: "Las reglas en forma escrita ayudan a clarificar las expectativas que al final de todo aumentan el cumplimiento y disminuyen los comportamiento inapropiados para la mayoría de los individuos." Bueno, vamos a hablar de varias cosas para empezar. Yo le dije a Clyde que un intructor anterior mío de sicología dijo una vez en una clase sobre estadísticas, "la buena investigación muchas veces da respaldo a lo que es verdad según el sentido común" o "Indica lo que casi todos sabíamos que era la verdad." Luego, le hice recordar a Clyde que dondequiera que vayamos en el planeta, las reglas importantes, leyes, regulaciones, tratados, normas y procedimientos se hallan en su forma escrita. Así es la vida para todas las instituciones, micro y macro, para ayudar a clarificar las expectativas através de la comunicación apropiada. En otras palabras, las reglas escritas nos ayudan a estar todos en la misma página.

Al final, le comenté a este terapista escéptico, Clyde, que si el escribir las reglas era suficiente para la División Estatal de Licencias Ocupacionales (DELO) al igual que para Dios, era suficiente para mí. Clyde respondió, "¿Qué quieres decir con esto?" Le dije, "Si la DELO pensaba que era lo suficientemente importante para detallar todo en un manual que es lo que hay que hacer para obtener una licencia para trabajar en el campo de la salud mental, entonces es suficiente para mí. También, si Dios cree que era tan importante que tuviéramos los Antiguo y Nuevo Testamentos por escrito, incluyendo los Diez Mandamientos, para poder clarificar Sus expectativas para la raza humana y para aumentar nuestro cumplimiento con Sus estándares, entonces es suficiente para mí hoy en día. Voy a usar el mismo método con mis hijos en nuestra casa."

Exploré, además, la razón por la que Clyde estaba tan apreensivo acerca de algo que tenía sentido absoluto. Compartió su preferencia personal de "tomar las cosas al azar" sin tener que aferrarse a mucho orden y estructura. Clyde no estaba acostumbrado a límites y responsabilidad impuestos y frecuentemente, sin saber, sobrepasaba los límites de otras personas. Cuando alguien clarificaba lo que eran los límites para Clyde, llegaba a enojarse y se pondría en posición contraria. ¿Me pregunto por qué Clyde se vio escéptico? ¿Tal vez tenía algunos asuntos que quedaban sin resolver? ¿Verdad? Clyde no quería que lo confundieran con la realidad del sentido común. Lo más asombroso de todo es que hay terapistas en el mundo como Clyde que dan ayuda equivocada a sus hijos. Quiero decir que "trabajan" con sus hijos.

Antes de explicar cómo funciona el sistema de ser padres de familia a niños y adolescentes, muchas veces comparto la siguiente analogía con ellos en mi práctica privada o en mis seminarios de FAMILIA. Pregunto qué se sentirían si al despertarse al otro día y leyeran en el periódico o vieran en la televisión o escucharan en la radio que el gobernador del estado había reunciado su posición. Además, la cámara de representantes se había suspendido y habían hecho lo mismo con todas las leyes del estado. No había más policía local ni del estado, las bases militares se habían cerrado, y se habían liberado a todos los presos en las prisiones y cárceles. La mayoría de los jóvenes tienen una cara de sorpresa y me dicen que se sentirían asustados y tendrían miedo de lo que harían estas personas a ellos o a sus familias. Naturalmente, siempre hay algunos jóvenes contrarios que responden diciendo, "¡Qué bien!" Yo siempre les digo, "¡¿Qué bien?! Entonces estaría bien que Fulano llegara a tu casa, le matara a tu papá, le cortara la garganta a tu mamá, y te violara y torturara antes de prenderte fuego mientras todavía estés vivo, después de, por supuesto, haber saqueado la casa llevando todo el dinero y objetos de valor que puede encontrar?"

Aún los jóvenes más contrarios dentro de poco están dispuestos a conceder que las reglas escritas ayudan a proteger a todos nosotros de otras personas y de nosotros mismos. Los jóvenes desafiantes están acostumbrados a vivir una vida doble y no les gusta que se les indique este punto. Les encanta que todos los demás tengan que seguir reglas, pero no quieren vivir bajo la misma obligación. Los jóvenes contrarios quieren que sus padres se cuiden de ellos, dándoles de comer, la ropa, un lugar para vivir, una educación y la atención médica. Sin embargo, también quieren entrar y salir cuando quieran, quieren tomar alcohol y drogas, fumar, no asistir a la escuela, hacer trampas, robar, tener sexo y de tener el derecho de tratar a los demás de una forma descortés. Quieren ser los maestros de su propio destino y vivir según sus propias reglas, aún cuando sus propias reglas están en contra de las reglas en la casa, la escuela, la iglesia, la sinagoga y/o la comunidad. Básicamente, ellos quieren tener el pastel y la libertad de comerlo también. Bueno, pero lo siento mucho, algo así no va a suceder mientras el "Dr. J" se encuentra vivo y de buena salud. Soy yo. Yo trabajo con padres para clarificar sus expectativas através de las reglas escritas. Después de todo, mi experiencia ha sido de que las reglas escritas ayudan a aumentar el cumplimiento de las expectativas de los padres de familia. Esto es especialmente el caso al tratar de implementar las relgas escritas y los premios correspondientes y las consecuencias de una forma correcta y consistente (recuerdas, las dos palabras que comienzan con ´C´).

Ahora que has terminado de leer los seis apuntalamientos filosóficos de FAMILIA, vamos a repasar rápidamente las seis declaraciones en letra enfatizada.

1. El "mundo real" es un mundo ordenado y estructurado y la falta de orden y estructura resulta en caos.

2. Una jerarquía para la autoridad y un respeto saludable para ella es una parte vital al hacer que el orden y la estructura funcionen en una forma eficaz.

3. La autoridad fluye desde arriba hacia abajo; sin embargo, sin restricciones, balances y retroalimentación existe un riesgo aumentado de desarrollar una dictadura (por ejemplo, el Poder Absoluto Corrompe – pregúntale a Adolfo Hitler).

4. Las familias necesitan tener orden, estructura y una jerarquía de autoridad. La autoridad fluye desde arriba hacia abajo dentro de las familias – no alrevés (por ejemplo, los niños tienen que aprender un respeto para con la autoridad – sea padres de familia, maestros, policía o clérigos, etc.).

5. La responsabilidad principal de los padres de familia es de prepararle(s) a su(s) hijo(s) para el "mundo real" que sí es un mundo ordenado, estructurado y requiere de un respeto saludable para la autoridad.

6. Las reglas escritas ayudan a clarificar las expectativas que al final aumentan el cumplimiento y disminuye el comportamiento inapropiado para la mayoría de los individuos.

Si estás de acuerdo con los apuntalamientos filosóficos de FAMILIA, favor de seguir leyendo este libro. Si no estás de acuerdo con los apuntalamientos filosóficos de FAMILIA, favor de leer de nuevo las seis secciones. Si después de leer esta sección por segunda vez, todavía no estás de acuerdo con los apuntalamientos filosóficos de FAMILIA, favor de regalar este libro a alguien que sí podría sacar algún beneficio de él. Después de todo, estamos en los Estados Unidos y tienes el derecho de criar a sus hijos como quieran. Pero, por favor, diles que no se pongan como candidatos para ser Presidente de los Estados Unidos. Los Presidentes Nixon y Clinton eran suficientes para una nación.

Definiciones Importantes para poder Comprender FAMILIA

A lo largo de los años, de vez en cuando escucho que algunos padres dicen, "Este sistema de FAMILIA suyo me parece ser muy rígido. No estoy seguro que algo así nos va a ayudar con nuestros problemas familiares." Aunque tenían razón al señalar que la rigidez no le ayudaría a su familia durante los momentos difíciles, no tenían razón en cuanto a la idea de que FAMILIA sea un sistema rígido. FAMILIA es un sistema flexible. Es un documento que vive y respira. Las reglas no están escritas en piedra. Se puede agregar más, quitar o cambiar la lista de reglas en cualquier momento. Voy a hablar más de esto en el capítulo ocho, FAMILIA proporciona orden y estructura para los padres según sus reglas y estrategias disciplinarias de intervención. FAMILIA no ofrece mucho que sea nuevo. En su lugar, ayuda a organizar y estructurar lo que los padres están intentando hacer en una forma más eficaz.

Vamos a fijarnos bien en algunas definiciones claves que contribuyen a los apuntalamientos filosóficos de FAMILIA:

> **Orden** – 1. Una condición de arreglos lógicos o coherentes entre los elementos individuales de un grupo. 2. A. Una condición de un arreglo estándar o predeterminado entre las partes integrales, para que se logre la función y apariencia apropiada. B. El arreglo y diseño sistemático. 3. A. La organización y estructura establecida de la sociedad. B. La regla de la ley y costumbre o la observación de un procedimiento predeterminado (traducción de Webster´s II: New Riverside Dictionary, 1994).

Para decirlo en una forma simple, FAMILIA les ofrece a los padres un arreglo lógico para su familia. Ayuda a facilitar expectativas y estándares claras para poder lograr la función y apariencia apropiada de la familia. FAMILA ayuda a prepararles a los niños para la organización y estructura establecida de la sociedad. Los niños aprenden la regla de la ley y la costumbre y cómo observar los procedimientos predeterminados en la casa, la escuela, la iglesia, la sinagoga y en su comunidad. El ordern es bueno. El orden no es rígido. FAMILIA es ordenado – no rígido.

Vamos a ver otra definición que representa un bloque principal en los apuntalamientos filosóficos de FAMILIA.

> **Estructura** – 1. Algo hecho de una cantidad de partes que se junta o que son juntadas en una forma específica. 2. La manera en la que las partes son arrelgadas o combinadas para formar una entidad entera. 3. La relación interna de las partes de una entidad compleja. 4. Una organización que es relativamente intricada o extensa. 5. Dícese que es para dar forma o arreglo a algo. (Traducción de Webster´s II: New Riverside University Dictionary, 1994).

FAMILIA ayuda a los padres de familia al organizar sus valores y morales (expectativas) en una manera específica para formar un sistema entero para la estructura de la familia. El sistema da forma o arreglo a lo que muchas veces llamamos "tomar decisiones al azar" (por ejemplo, "el hecho de ser padre por oído"). En varias oportunidades, los padres de familia se quedan con la esperanza o ruegan que sus hijos sobrevivan la adolescencia. Con FAMILIA, los padres de familia pueden tomar un acercamiento positivo en vez de "tomar decisiones al azar." FAMILIA les ayuda a organizar y estructurar su acercamiento a lo que es ser padre de familia. Ya no hay más de eso de "tomar decisiones al azar."

Sólo para divertirnos un poco, vamos a ver la definición de rígido/rigidez. Ya que algunos padres de familia piensan que hay una posibilidad de que FAMILIA sea demasiado rígido para ellos, deben por lo menos tratar de comprender lo que significa la palabra rígido en verdad. La definición es lo siguiente:

> **Rígido/Rígidez** – 1. Que no hay flexibilidad: NO FLEXIBLE. 2. Inmóvil: Fijo. 3. Difícil. Sinónimos: duro, no flexible, inquebrantable. Significado principal: que no se cambia en forma o inflexible (al referirse a barras de hierro). (Traducción de Webster´s II: New Riverside University Dictionary, 1994).

FAMILIA es cualquier cosa excepto rígido. Si no te has dado cuenta ya al leer, te habrás dado cuenta para las últimas páginas del libro. Como mencioné anteriormente, FAMILIA es flexible y es un documento que vive y respira. No es algo marcado en piedra. Mientras los padres están de acuerdo, pueden agregar reglas, quitarlas y/o modificar las reglas existentes en cualquier momento.

Otra vez, el orden y la estructura no son iguales a rígido/rígidez. FAMILIA es un documento que vive y respira que puede cambiar através del tiempo. Es flexible, se mueve, es fácil y cambia de forma según las necesidades. Si piensas que FAMILIA es rígido, es por que te hace falta la comprensión adecuada de las definiciones anteriores y como son diferentes entre ellas. La estructura y el orden son saludables y necesarios para hacer que el "mundo real" y las familias funcionen tranquilamente. Si no puedes ver esto, hay una posibilidad de que tengas algunos asuntos sin resolver de tu pasado con la autoridad, la estructura y disciplina que interfieren con su habilidad actual de percibir de una forma racional lo que es que estoy intentando demostrar. Sería buena idea enfrentar estos asuntos en la terapia antes de implementar cualquier tipo de programa para ser padre de familia.

Ahora, antes de seguir adelante con el próximo capítulo, necesitamos tomar un vistazo rápido a algunas definiciones adicionales. FAMILIA utiliza consecuencias para los comportamientos malos (por ejemplo, Tarjetas de Buenos Hábitos), al igual que premios para los comportamientos buenos (por ejemplo, Fichas de FAMILIA y Fichitas de AOB). De vez en cuando, un padre de familia dice lo siguiente en cuanto al aspecto de premios del sistema: "me estás diciendo que debo sobornar a mi hijo para que se porte bien. ¡No debería tener que sobornar a mi hijo para que se porte bien!" Estoy muy de acuerdo con este padre de familia. La definición misma de la palabra, "soborno," signifca algo totalmente diferente al entendimiento que ese padre de familia expresó. Soborno se defina de la siguiente forma:

> **Soborno** – 1. Algo, como dinero o un favor, ofrecido o dado a alguien en una posición de confianza para inducirlo a actuar en una forma dishonesta (Traducción de Webster´s II: New Riverside University Dictionary, 1994).

El sistema de FAMILIA nunca le diría a un padre de familia que ofreciera dinero ni un favor a sus hijos para inducirlos a que actuaran de una forma dishonesta. Al contrario, FAMILIA fomenta comportamientos honestos y busca orientar los niños en una dirección positiva al quedarse conformes con los valores y morales de los padres de familia (por ejemplo, las expectativas). Nunca le pediría a un padre de familia que diera un soborno a su hijo. Darle un premio a su hijo, sí. Darle un soborno, ¡no en absoluto!

Ya que mencionamos la palabra que comienza con "P" (premio), a lo mejor debemos tomar un vistazo rápido a lo que dice la definición actual:

> **Premio** – 1. Algo, como dinero dado u ofrecido para un servicio especial [como el comportamiento honesto]. 2. Un resultado satisfactorio (Traducción de Webster´s II: New Riverside University Dictionary, 1994).

Obviamente, FAMILIA fomenta el hecho de dar premios, no sobornos, a sus hijos para los buenos comportamientos que producen resultados satisfactorios para todos los que están involucrados. Niños felices producen padres felices. Padres felices producen niños felices. Es un círculo que nunca termina de felicidad familiar que es en verdad mejor que la otra opción llena de conflictos que muchas familias experimentan.

En resumen, el compensarles a sus hijos por los comportamientos buenos no representa un soborno. Los adultos reciben premios en sus trabajos al recibir un cheque, algún bonus, premios, aumentos de sueldo, propinas, avanzos en el empleo, reconocimiento por la compañía y otros posibles beneficios. Ésta es preparación adecuada para el mundo real. Nunca vas a insistir en que tu empleador deje de darte premios por tus buenos esfuerzos en el trabajo. De la misma forma, vé tú a tu domicilio y bendice las nalguitas de la fruta de tus lomos o tu vientre (dales premios a tus hijos cuando se portan bien).

3 Las Dificultades de Ser Padre de Familia

El desafío más grande de ser padres es mantener un equilibrio entre los papeles de ser disciplinarios y ser amigos. Desafortunadamente, muchos padres favorecen un papel más que otro. Los padres generalmente se inclinan hacia la dirección de disciplinario y pueden o no invertir tiempo y energía en el papel de amigo. Las madres, en la otra mano, tiendan a inclinarse hacia el papel de amiga y sacrifican el papel de disciplinaria. La manera en la que la mayoría de los padres deciden escoger depende mucho del papel que vieron durante los años formativos. A algunos padres les gusta lo que experimentaron al crecer y tratan de repetirlo con sus propios niños. De la otra manera, otros padres intentan a sabiendas de criar a sus hijos en una forma opuesta a la que ellos mismos fueron criados.

Ambos papeles, disciplinario y amigo, son importantes y ambos padres tienen que usarlos en la casa. Aunque a algunos padres no les gusta escucharlo, este papel de disciplinario es esencial mientras el papel de amigo aparece en un segundo lugar muy aproximado. Deafortunadamente, hay un número inmenso de padres de familia que tienen una idea equivocada de lo que significa manejar el papel de disciplinario. Algunos padres experimentaron el maltratamiento al recibir la disciplina y automáticamente piensan que hay que evitar cualquier forma de acción disciplinaria. Hasta cierto sentido, ellos están optando por "tirar el bebé con el agua sucia después de haberlo bañado." Yo creo que la mayoría de los casos es una reacción emocional a maltratamientos en el pasado y que no entienden la definición de lo que significa ser disciplinario según la siguiente definición:

> **Disciplina** – capacitación esperada para producir una clase o padrón de comportamiento, especialmente que produce mejoramiento moral o mental; un método sistemático para obtener la obediencia; un estado de orden basado en la sumisión a reglas y autoridad (Traducción de Webster´s II: New Riverside University Dictionary, 1994).

A pesar de los maltratamientos en el pasado que yo experimenté al ser castigado, yo entiendo claramente que la definición de disciplinario no involucra el golpearle a un niño con un cinturón, un zapato, un bate, un puño, un pedazo de madera, con agua fría en el baño o con un asalto verbal del niño. Más bien, la palabra disciplina proviene de la raíz, "discípulo." Para ser discípulo para con un niño significa guiar, enseñar y dar instrucciones en cuanto a la manera en la que les ayudará a mantenerse firmes en el camino angosto y estrecho de la vida. Los padres tienen que enseñarles a sus niños que tienen que permanecerse entre las líneas en el camino de la vida. Las líneas representan las reglas que tienen que seguir. De vez en cuando, los padres de familia tienen que poner barrandillas para cuando los niños se están acercando a curvas peligrosas en sus vidas jóvenes. Como la mayoría de los instructores de conducir, al igual que a los padres de familia, uno espera que su hijo se acuerde de bajar la velocidad para las curvas peligrosas a lo largo del camino de la vida después de que hayan crecido y salido de tu protección.

Un padre de familia tiene que ser disciplinario primero, antes de ser amigo. Si los papeles cambian y el padre de familia usa el modelo democrático, tomando el papel de hermano, el padre de familia está socavando su propia autoridad como padre de familia. Es inevitable que en algún momento el padre de familia tendrá que ponerse firme o fijar una línea en la arena. Es triste que al hacerlo, el niño se reirá del padre de familia y seguirá en la disobediencia. Después de todo, el niño no tiene que escucharle al padre de familia; él o ella es solamente otro hermano o hermana. Sin embargo, el padre de familia que es disciplinario primero y, en segundo lugar, un amigo muy bueno, tendrá el respeto de sus hijos durante los momentos difíciles de la vida. Este tipo de padre de familia es más capaz de experimentar el resultado deseado del niño durante los momentos difíciles porque el niño sabe que el padre de familia toma las cosas en serio. El niño sabe sin lugar a duda que pagará las consecuencias para el comportamiento desobediente. El temor de mamá o papá es el comienzo de la sabiduría. El temor es bueno. El temor reverente hacia la autoridad es un deber y comienza en la casa.

Para los de ustedes que tienen dificultades con fijar prioridades en estos dos papeles, vamos a fijarnos en la definición de lo que es ser un amigo:

> **Amigo** – Una persona que uno conoce, que le cae bien, en la que uno tiene confianza; Una persona con la que uno se afilia en una dificultad o en una causa; Una persona que apoya o que es simpatizante; Digno de un amigo; Cariñoso y consolador; Uno que lucha por o por lo menos favorece la opinión de uno (Webster´s II: New Riverside University Dictionary, 1994).

Para aquellos padres que tienen dificultad con el concepto de la amistad con sus niños, especialmente los padres, en realidad no es difícil de hacer; Sólo hay que tomar tiempo consistente para estar con sus niños. Para que quede en forma escrita, el pasar tiempo con sus niños significa hacer algo que ellos quieren hacer. Esto no significa salir a hacer los quehaceres contigo. En otras palabras, papá, es probable que el invitarles a sus niños a acompañarte a la ferretería o para comprar partes para el coche no sea su idea de pasar un buen rato juntos. Averigua cómo ellos quieren pasar tiempo contigo. Esto podría incluir dibujando con colores, trabajando con rompecabezas, paseando en bicicleta, navegando por Internet, pasando a ver una película en el cine, saliendo a pescar, jugando al básquetbol, haciendo compras o saliendo para comer una hamburguesa. La idea es que ocupa tiempo consistente para desarrollar una amistad con tus hijos y ellos necesitan saber que estás dispuesto a conocerlos en su propio terreno. A lo mejor vas a tener que ajustarte un poco. El tiempo que pasas con tus niños es una buena inversión de tiempo; sin embargo, no te olvides de tu papel principal de ser disciplinario.

Si en verdad los padres de familia van a ser amigos de sus niños, tienen que darse cuenta que tienen que ser primero y más importante un disciplinario. Los niños tienen que tener confianza en sus padres para acompañarlos en sus dificultades de desarrollo en la vida. Los niños tienen que saber que sus padres están luchando en el mismo equipo en una forma de apoyo y simpatía. Lo más importante de todo es que los niños tienen que saber que si sus padres los ven caminando hacia un precipicio, no se van a quedar ahí, sonriendo, y decir adiós. Más, los niños quieren que sus padres pongan límites para con ellos (recuerdas que menionamos orden y estructura). Un disciplinario principal se convierte en un amigo verdadero, uno que sea seguro y en el cual se puede depender.

¿Qué es esto? ¿Te ríes de lo que acabo de escribir? ¿No crees que los niños quieren estructura? ¿Quieres un ejemplo? Sólo hay que leer la carta al editor que se encontró en el *Daily News Miner* publicado en Fairbanks, Alaska:

Lo Siento – 18 de diciembre de 1996

Al editor:
Hoy cumplo 17 años. Mi compañero de celda me deseo feliz cumpleaños, pero mi punto de vista de todo es mucho menos que un sentimiento de gozo. No solamente estoy triste por que es probable que pase los próximos 30 años de mi vida en la cárcel, pero la verdad es que estoy muy apenado por todas las cosas malas, asquerosas y horribles que he hecho a diferentes personas.

Robé a un sinnúmero de ciudadanos honrados, destrocé coches, garajes y terrenos, y le pegué un tiro a probablemte el mejor miembro de la Policía Estatal de Alaska.

Voy a decir que lo siento mucho a todos aquellos contra los cuales cometí errores. Voy a tomar la responsabilidad por mis acciones. Quiero tomar esta oportunidad de pedir perdón públicamente al Sargento Roberts y su familia quienes pasaron por una prueba difícil a causa de mi estupidez y crueldad. Voy a decir que no siento nada de orgullo por lo que he hecho, y que nunca me jacto a ninguno de mis compañeros de la celda que son enfermos y me felicitan por mi "valentía." Al final, me arrodillaré cada noche por el resto de mi vida y le daré gracias a Dios que no maté a ese hombre.

Es lo único que puedo hacer. Si esto no hace que alguien se sienta mejor, tal vez el saber que los mejores años de mi vida pertenecen al estado de Alaska les puede dar un poco de consolación.

Lo que sí sé es que hay que hacer algo con respecto al crimen entre los jóvenes. Es probable que haya un chico en cada clase de la [Escuela Preparatoria] West Valley que está endrogado durante cualquier hora del día. (Yo sé porque fui uno de ellos.) La destrucción de propiedad se halla fuera de control. A los chicos les encanta jactarse de la cantidad de destrucción que han causado y el robo se ha convertido en algo cada vez más común.

> Una mayor cantidad de policía ayudaría. Castigos más fuertes para los que cometen ofensas por primera vez es algo que hay que hacer, actividades extras para jóvenes tal vez podrían ayudar, pero lo más importante es la familia.
>
> Hablen con sus niños. Averigüen adónde van y qué es lo que están haciendo. Hagan algo pero no dejen que lleguen a ser como yo. Por favor.
>
> *David J. Knutson*
> *Centro de Correcciones de Fairbanks*

La carta de este joven casi grita pidiendo estructura. Está animando a los padres de familia a que reconozcan el hecho de que la unidad familiar es la institución más importante en el Planeta. David anima a los padres a que hablen con sus niños, a que averigüen adónde van y qué es lo que están haciendo y de hacer lo que tienen que hacer para evitar que se metan en problemas como él y lleguen a estar encarcelados. David Knutson recibió la sentencia de treinta años en la prisión debido a sus acciones que casi causaron la muerte del Policía del Estado de Alaska, Sargento J.R. Roberts.

¿Cómo? Bueno, yo entiendo. Todavía no te he convencido que los niños quieren que sus padres les den estructura aunque parecen decir todo lo opuesto. Bueno, ahí te va otro intento de ganar tu confianza. Voy a hablar de otro ejemplo de la falta de acción por parte de un padre de familia en los siguientes párrafos.

Un cliente anterior en Nueva Jersey, Linda, era una muchacha popular en la escuela preparatoria. Le gustaba mucho el escenario social al igual a otros adolescentes en la escuela. Como resultado, ella terminó cediendo a varias formas de la presión de sus amigos y participó en la experimentación con el alcohol, la marijuana y la promiscuidad sexual. Linda se enojó mucho con sus padres por su falta de fijar límites o de enfrentarla con respecto a su comportamiento inapropiado. En una ocasión, Linda les escribió una carta a sus padres que se trataba de la frustración que ella sentía y la dejó al lado de su cama, sabiendo que sus padres la encontrarían. La encontraron, la leyeron y no hicieron nada al respeto. Según Linda, sus padres sentían demasiado el miedo de cómo ella tal vez reaccionaría frente a su confrontación así que no hicieron nada. "La parálisis de los padres de familia" en acción.

Linda siguió con su enojo y comportamientos inapropiados. Dentro de poco, al estar asistiendo a la universidad, ella escogió un camino diferente.

Sin embargo, tomó varios años para que quitara el enojo que sentía hacia la falta de acción de sus padres. ¿Todavía no te he convencido de que los niños quieren que sus padres se pongan firmes? ¿No leíste lo de Ed y Theresa en el primer capítulo? ¿Recuerda lo que hicieron ellos? Ellos me trajeron a su mamá debido a su falta de consistencia en implementar FAMILIA. Está bien, reconozco el hecho que te tengo que convencer un poco más. Aún si tu niño te está mirando en la cara gritando, "¡te odio! nunca te voy a volver a hablar," con todo lo que pueda, van a querer que te pongas firme y que fijes límites para ellos. Esto va a ser mi último intento de convencerte. De otra manera, voy a dejar que escojas tu camino que al final te va a llevar al momento de mostrar las cosas como son en cuanto al comportamiento inapropiado de tus niños porque no estás dispuesto de hacer algo al respecto. La falta de acción nunca es algo productiva ni saludable.

¿Te acuerdas de Carl en el primer capítulo? Vamos a volver a su historia. El cuento sigue. Después de que sus padres, Jason y Cathy, decidieron al final que tenían que mandarlo a un tratamiento residencial a largo plazo, ellos me pidieron que le acompañara a su hijo, e hicieron los arreglos para que entrara al programa en Samoa del Oeste. Me reuní con los padres de Carl para hablar de las estrategias de la intervención. Llegué a su casa un domingo por la noche a eso de las 9 y entré a la sala para hablar con Carl. Se podía entender que él se veía sorprendido por mi presencia. Hablé con él sobre el hecho de que sus padres lo amaban y que habían intentado todo lo posible para ayudarlo pero todo sin éxito. Le hice recordar a Carl que él seguía quebrando las expectativas que ellos habían tenido para él y que se encontraba fuera de control. Le dije que a causa de esas decisiones, sus padres habían decidido ponerle en un programa residencial de tratamiento a largo plazo en Samoa del Oeste llamado la Ensenada del Paraíso (Paradise Cove) (www.wwasp.com).

Inmediatamente, Carl se puso furioso. Tomó unos pasos que eran físicamente agresivos contra su padre Jason, con los puños levantados. No me dejó otra opción más que de restringirle a Carl en el piso para ayudar a mantener a todos sanos y salvos. Carl comenzó a llorar inmediatamente con grandes sollozos. Jason se puso en el piso inmediatamente con Carl y lloró también, con abrazos de amor. Este momento fue en verdad difícil para todos los que estaban involucrados. Podía notar que les estaba reventando a los padres de Carl el tener que haberse puesto firmes. Pasé la noche en la casa de Carl asegurándome de que no intentaba huir o hacerse algún tipo de daño. Su madre, Cathy, llamó a la Policía Estatal de Alaska para informarles de nuestros planes por si a caso algo ocurriera. Afortunadamente, Carl entendió rápidamente que yo le estaba siguiendo como su propia sombra por todos lados de la casa y que no iba a tener la oportunidad de huirse a pie.

Entonces, Carl comenzó a ejercer presiones sobre sus padres en las horas de la madrugada para que rescindieran su decisión. No tuvo éxito con su madre así que entró al cuarto de Jason para convencerle emocionalmente pero sin éxito. A las 5 de la mañana, el pastor de Carl y un deácono de la iglesia llegaron. Mientras íbamos saliendo, Carl hizo un último intento de hacer que sus padres cambiaran sus planes. Les gritó y les dijo que los odiaba, y que lo que estaban haciendo no era lo correcto, y que nunca les iba a hablar ni verlos otra vez. Sus palabras sirvieron como un puñal filoso que penetró a los corazones de sus padres. Hay que admirarles y aplaudir a los padres de Carl por el amor que demostraron ese día para el bienestar de su hijo. Estaban dispuestos de tomar el riesgo y de ponerse firmes sin importar las amenazas. Los padres de Carl se quedaron en la casa mientras que el pastor, el deácono y yo le acompañamos al aeropuerto de Fairbanks. Al llegar, nos recibieron la policía del aeropuerto y un amigo mío. En este momento, Carl entendió claramente que él iba en rumbo a Samoa del Oeste. No podía regresar.

Cuando aterrizamos en Seattle, Carl me contó de todas las cosas divertidas que iba a hacer con su padre una vez que había regresado a Fairbanks, Alaska. Me contaba de sus deseos de ir a su cabaña en el barco. Me dijo varias veces que él tenía que cuidarles a su mamá y papá porque no había otras personas que lo harían. Nos recibió la policía del aeropuerto de Seattle y nos acompañaron a una sala de espera hasta que salió nuestro avión. Carl y yo hablamos mucho de sus comportamientos y actitudes. Él admitió, por primera vez, que se hallaba fuera de control. Cuando aterrizamos en Los Ángeles, Carl dijo, "¿Sabes qué? Creo que mis padres tomaron la decisión correcta. Necesito recibir ayuda seria. Creo que me están mandando al lugar correcto." Mientras Carl permaneció sentado en la sala de espera en Los Ángeles con un policía, yo llamé a Cathy y le conté lo que me había dicho Carl. Cathy lloró lágrimas de gozo y no podía esperar contarle todo a Jason. Yo lloré algunas lágrimas también. Cuando llegamos a Honolulu, Carl no podía parar de hablar de Samoa del Oeste y de cómo iba a ser; sin embargo, me hizo entender claramente que iba a extrañar mucho su deporte favorito, el snowboarding en Alaska. Cuando llegamos a Samoa del Oeste, Carl quería pasearse por un día y luego entrar al centro de tratamiento. Las palabras de Carl habían cambiado de un odio intenso, amenazando que nunca iba a ver a sus padres otra vez, a las de agradecimiento. Para el bienestar personal de Carl, los padres de Carl estaban dispuestos de ponerse firmes.

Unos ocho meses más tarde, yo proporcioné otro servicio profesional de acompañamiento para un joven de 15 años de Fairbanks, Alaska a Apia, Samoa del Oeste. El acompañarle a Michael me dio la oportunidad de ver personalmente cómo estaba Carl. Después de haber efectuado el ingreso de Michael a la Ensenada del Paraíso, pregunté si podía ver Carl. Esperaba con reservaciones emocionales tratando de anticipar cómo iba a reaccionar Carl cuando me vio. Carl caminó rápidamente por la puerta de la oficina, me dio el abrazo más grande y larga de mi vida. Terminó el abrazo con un cariñoso frotamiento del cabello de mi cabeza. Me llené de alegría y me sorprendió la mirada de serenidad madura en su cara.

Al estar en Samoa del Oeste, tuve la oportunidad de llevarle a Carl fuera del lugar de tratamiento dos veces para pasar tiempo con él. Habló sin parar de todo lo que estaba aprendiendo de sí mismo y su familia mientras recibía tratamiento en la Ensenada del Paraíso. De vez en cuando, lloró lágrimas de remordimiento cuando recordaba cómo les había tratado a su familia y cómo se había tratado a sí mismo. Me dio las gracias varias veces por haberle traído a Samoa del Oeste. Pero lo más importante de todo, Carl nunca dejó de hablar de su amor hacia sus padres y su agradeciemiento por la gran cantidad de amor que ellos tendrían que haber tenido para mandarlo a la Ensenada del Paraíso. Dijo, “Ustedes me salvaron la vida. ¡Gracias!”

Aunque salí de Samoa del Oeste sintiendo bien por el crecimiento y progreso obvio de Carl, no podía dejar de sentir el dolor y enojo que Michael sentía por haberle dejado ahí para recibir su tratamiento. Sin embargo, tengo la confianza sin lugar a duda que Michael también algún día verá el error de sus decisiones y al final les dará las gracias a sus padres y a mí por lo que tuvimos que hacer para su bien. Sin embargo, aunque lo nieguen así abiertamente, los niños siempre están agradecidos al final cuando sus padres proporcionan estructura para sus vidas. Los padres que no dan disciplinar al final hacen más daño a sus niños porque el no dar disciplina es negligencia. Negligencia es maltratamiento.

4 Los Siete Pecados Cardinales de Ser Padre de Familia

COMO HAS APRENDIDO en Capítulo tres, y a lo mejor lo has experimentado, es difícil establecer un balance entre los papeles de ser disciplinario y ser amigo. Puesto que estoy en la posición ahora de desafiar tu pensamiento en cuanto a lo que es ser padre de familia, vamos a explorar los siete pecados cardinales de ser padre de familia. Tú sabes, las siete maneras garantizadas para socavar tu propia autoridad como padre de familia. Los siete pasos rápidos de asegurar que vas a perder respeto y control de tus niños; como consecuencia, vas a terminar viviendo en la miseria por las próximas dos décadas de tu vida hasta que tus niños hayan crecido y salido de la casa.

1. **El Hablar Demasiado (por ejemplo, fastidiando, hechando sermones, etc.)**

¿Nunca has visto uno de los dibujos animados de Charlie Brown? ¿Recuerdas que en los escenarios del salón de clase donde la maestra habla sin parar? "Bla bla bla, bla bla bla bla. Bla bla bla bla, bla bla bla bla." Mientras que la maestra sigue hablando y hablando, las caricaturas no le prestan atención. Su lección pasa de un oído al otro. ¿Te parece ser algo parecido?

Es absolutamente asombroso de lo rápido que nosotros como padres nos olvidamos de las lecciones importantes de nuestras propias experiencias de la niñez. Cuando uno de mis padres comenzaba a hechar un sermón, a los dos minutos, yo le había apagado. Pensaba, como la mayoría de los niños, que la mayoría de las cosas importantes ya se habían dicho y el resto de las palabras servían como relleno emocional para que ellos se sintieran mejor. ¡Ahora mira hasta donde hemos llegado! Aquí estamos, tomando el mismo acercamiento tonto con nuestros niños que nuestros padres usaron con nosotros, y sus padres usaron con ellos, y sus abuelos usaron con sus padres. Es un ciclo vicioso que nunca termina. Una maldición através de las generaciones. ¡Paren el tiovivo y déjenme bajar!

Se puede salir de la influencia de la maldición. Se puede decidir aquí y ahora de decir lo que tienes que decir en solamente dos o tres oraciones. Dos párrafos como máximo. Si tu boca no deja de hablar, ve a ver a alguien para recibir ayuda. Tus niños son inteligentes y pueden entender rápidamente lo que quieres decir. Trátalos así. Debes esperar lo mismo de ellos también. Te va a sorprender el nivel de cumplimiento que vas a recibir de tus hijos al dejar de realizar la gira en las conferencias de sermones. Estarán más propensos a escucharte la próxima vez que tienes que decir algo.

2. Peroratas y Rabietas

¿Cuando fue la última vez que fuiste recipiente de la ira de alguien? Yo quiero decir una buena perorata de esas típicas, cuando están en tu cara, con piel rojo, venas hinchadas, ojos que se salen, que tu oído no aguanta, todo sólo para que escucharas. ¿No querías más? ¿No tenías el deseo secreto que podías experimentar algo así todos los días? ¿No te hacía sentir que te amaban sin otros pretextos? ¡¡¡Cómo que no!!! ¿Entonces por qué lo haces con tus niños? ¿Qué es lo que piensas que vas a lograr al tener estos arrebatos de ira más allá que hacer que tus niños no te respeten, que tengan miedo al estar en tu presencia, y que piensen menos de ti y te vean menos cuando llegan a ser adultos? Cuando tratas de disciplinar a tu hijo, nunca jamás grites, ni lo hagas parecer más pequeño, ni le digas malas palabras. No lo hagas, es así de simple.

Cuando yo me crié, mi padre trató de enseñarme a arreglar los motores de los autos y cómo construir varios proyectos en la casa. Al principio, me gustaba pasar tiempo con mi padre. ¿Qué hijo no quiere hacerlo? Los requisitos de ser un Policía del Estado hicieron que él no estuviera en casa, así que cuando estaba en casa, quería pasar tiempo con él. Sin embargo, me cansé rápidamente de tratar de ser su estudiante porque él se enojaba tan fácilmente y por razones de poco significado. De vez en cuando y sin intención, yo le daría una herramienta equivocada. El gritaría, "¡Si tu cabeza no estuviera atada, la perderías!" A veces diría, "¡Si tuvieras un cerebro, serías peligroso!" Por su puesto, había las palabrotas comunes y otros comentarios que siempre hacían que aquellos momentos fueran memorables. No tomes lo que digo en la forma equivocada, yo le quiero mucho a mi padre y me encanta pasar tiempo con él todavía; sin embargo, ahora él se da cuenta que lo que hacía con su ira hacia nosotros sus hijos cuando éramos jóvenes, no estaba en lo correcto. Desde entonces, él ha pedido disculpas profundamente. Acepté sus disculpas, lo he perdonado y nuestra relación familiar se ha sanado.

Cuando le das disciplina a tu hijo, debes tratar la situación como si estuvieras realizando un poco de negocio. Debes fingir que tú eres el cajero atrás del mostrador y que Sr. Mal Educado de Todo el País se acerca y te da de todo verbalmente. Y a pesar de todas las ganas que tienes de hacerlo, no le pegas en la cara ni le arrancas el corazón así tan rápidamente que él puede ver que todavía está latiendo antes de que se caiga al piso. En su lugar, le escuchas tranquilamente al cliente y tratas de remediar la situación. Otra vez, cuando le das disciplina a tu hijo, finge que ellos son como el clientes y tú eres como el cajero. Trátalos con calma y respeto. Haz que entiendan tu punto sin hacer que sientan muy pequeños y usa el número más mínimo de palabras como sea posible.

Yo te estoy hablando en serio: si no puedes controlar tu ira, a lo mejor tienes que ver a un consejero en tu comunidad para manejarla. Tal vez tengas que ser evaluado por un sicólogo o siquiatra para la depresión o el desorden bipolar (como, la manía depresiva). No seas orgulloso. Si has intentado una y otra vez de manejar tu ira sin mucho éxito, entonces busca la ayuda profesional. Vale la pena para ti, para tu esposo/a y para tus hijos. Es mejor trabajar en la resolución de tus problemas ahora que esperar para decir lo siento más adelante. Cómo les tratas a tus hijos hoy va a tener un impacto fuerte en cuanto a cómo ellos tratan a tus nietos en el futuro.

3. Lágrimas (por ejemplo, de tristeza, momentos de culpa).

No quiero ser sexista aquí, pero la realidad es que las madres generalmente cometen más transgresiones en este departamento con más frecuencia que los padres. Cuando sientes como que has intentado todo bajo el sol para hacer que tus hijos cooperen y tengan éxito en la vida, es fácil llegar a sentirte frustrado/a con ellos. A veces este nivel de frustración puede ser tan abrumador que puede llevarte a las lágrimas. Al llorar, y a veces estando desanimada, algunas madres intentan usar el sentimiento de culpabilidad para que sus hijos cumplan. Como resultado, tus hijos te perciben como débil e ineficaz. No van a obedecer un hermanito que llora y se queja. Has logrado socavar con éxito tu propia autoridad como padre de familia. Nunca dejes que tus hijos te ven como un víctima desanimado gracias a su manipulación y desobediencia. En vez de hacer esto, revístete de tus esfuerzos, valor y sabiduría y guarda las lágrimas para un momento privado o sal de la casa para visitar a un/a amigo/a, consejero o clérigo. Tal como lo hizo Connie, en Capítulo Uno, tienes que desarrollar una columna vertebral como padre de familia que sea de acero en vez de fideos. El decir, "no lo puedo hacer," no se puede aceptar. Si Connie lo pudo lograr, cualquier madre lo puede hacer. A lo mejor necesitas la ayuda de un consejero profesional.

4. Terror (por ejemplo, amenazas de violencia).

Cuando era un joven adolescente, mi padre más o menos me hacía recordar que él era un Policía del Estado de Oregón y que si yo llegara a hacer algo ilegal, me mataría y echaría mi cuerpo pudriente en la cárcel. Éste es el mismo Policía del Estado de Oregón y padre que arrestó a Santa Claus por una entrada ilegal y le pegó un tiro a Rudolfo el Reno de Naríz Roja en la Noche Buena de 1965. Me lo dijo cuando yo tenía cuatro años y yo lo creí. La mirada firme en su cara cuando me amenazó cuando era un adolescente me convenció que nunca tomaría alcohol, ni drogas, ni masticaría tabaco ni pasaría tiempo con personas que hacían todas estas cosas. Sin embargo, aunque sus amenazas de la violencia tuvieron un nivel de eficacia, no fueron en lo absoluto apropiados. Hay una diferencia grande entre la disciplina firme con consecuencias apropiadas y una amenaza física de tu hijo. Nunca hay que darle una amenaza física a tu hijo. No es bueno en ninguna forma para su bienestar sicológico ni para formar una buena relación.

Al final, nunca hay que amenazarles a tus hijos físicamente porque es ilegal en cada uno de los 50 estados y, es más probable que la agencia de Servicios de Protección de Niños te quitará los niños de la casa. ¿Qué es esto? ¿Piensas que estoy en contra de los castigos corporales? ¡En absoluto! Estoy a favor de los castigos corporales de los dos años hasta los años pre-escolares. Sin embargo, el castigo corporal tiene que hacerse en una forma controlada con normas pre-determinadas. Los padres de familia tienen que comprender las leyes locales y del estado y comportarse de una forma apropiada. El dar azotes tiene que ser siempre la última opción que se usa después de haber agotado todas las alternativas creativas. El dar azotes nunca debe ocurrir cuando un padre de familia está enojado ni debe pasar uno a tres azotes leves. Nunca es una buena idea usar un objeto porque puede causarle daño a su niño y dejar marcas y contusiones. Las marcas y contusiones significan que la agencia de los Servicios de Protección de Niños pueden intervenir. Finalmente, el dar azotes nunca debe ocurrir con niños más grandes que los del kinder. Son muy grandes ya para recibir azotes. ¡No me importa lo que otros programas de ser padre te hayan enseñado! Nunca le des azotes a niños del kinder al nivel doce de la escuela. Por favor, confía en mí. FAMILIA proporciona un acercamiento mucho más eficaz en lograr los resultados de comportamiento deseados para los niños de kinder al grado doce.

La línea final es que hay una gran diferencia entre amenazas de la violencia física y el castigo corporal. No dejes que los que proporcionen servicios de servicios humanos te digan de otra forma. Algunos intentan discutir que un niño joven no entiende la diferencia entre maltratamiento físico y el recibir un azote como una acta de disciplina. Yo sí reconocía la diferencia cuando era joven, y tú también. Merecí mis citas con el "Sr. Azote" cuando me comporté mal como niño. No merecí el maltratamiento.

Investiga las leyes del estado tocante al castigo corporal en la casa y en la escuela. Ponte en contacto con la oficina del Fiscal General del estado. Consulta con tu abogado. Averigua lo que son tus derechos como padre de familia. Nunca hay que jugarse al pretendido porque los proveedores de servicios humanos, aunque sea con buenas intenciones, están intentando meter su ideología personal en tu situación como padre de familia. Si tienes mucha motivación, comienza un grupo de movimiento al nivel de tu escuela, comunidad, condado, o estado para proteger los derechos como padres de familia. Después de todo, nunca amenaces ni maltrates físicamente a tus niños o en verdad mereces que te los quiten.

5. La Falta de Consistencia (por ejemplo, en y entre padres de familia).

¿Te acuerdas de las "dos palabras ´C´" que mencioné al principio de este libro (la implementación "correcta y consistente" de FAMILIA)? La consistencia es el ingrediente crucial de ser un padre de familia con éxito. Si no estás dispuesto de ser consistente como padre de familia, deja de hacer todo. En actualidad, la mayoría de nosotros tiene ganas de dejar de hacer todo de vez en cuando. Amamos a nuestros niños. Podríamos usar unas vacaciones de ellos de vez en cuando.

Los padres de familia tienen que implementar la disciplina de una forma consistente en su casa sin importar su estado de humor o nivel de energía. No me importa lo duro o difícil que haya sido el día en el trabajo, si tu hijo necesita disciplina, entonces haz tu trabajo. No me importa si te encuentras agotado física y emocionalmente, si tu hijo necesita disciplina, entonces haz tu trabajo. Sin embargo, nunca des disciplina estando enojado. Si es necesario, toma un poco de tiempo para que puedas dar disciplina en una forma tranquila y razonable.

Todos los adultos prefieren tratamiento justo y consistente de sus supervisores. Por ponerlo en otras palabras, trata a los demás como quieres que te traten. Sé consistente con tus hijos. Dales premios en una forma consistente cuando se portan bien y dales lo que merecen cuando no se portan bien. Los niños en verdad aprecian la consistencia y la estructura,

Madres y padres, es muy importante que eres consistente no sólo contigo mismo, sino también el uno con el otro. No puedes tener un padre que dice, "no" mientras la madre dice "sí." No podemos tener a un padre que pone restricciones de la tele por un día entero, mientras la madre le impone una restricción que dura la semana entera todo por el mismo comportamiento equivocado. Esto crea confusión para los niños y un conflicto entre los padres. También le pone a papá contra mamá para ser manipulado por sus niños. Bajo estas circunstancias, los niños aprenden que para algunas cosas van con papá y para otras cosas van con mamá. Una casa dividida se cae.

Según todos los padres con los cuales he hablado, quienes optan por implementar FAMILIA en una forma correcta y consistente tanto dentro como fuera de la casa, el conflicto de división entre mamá y papá se ha eliminado. El conflicto se ha eliminado porque las reglas, los quehaceres, los premios y las consecuencias se determinan de antemano por ambos padres. Si se implementa FAMILIA de una forma correcta y consistente por parte de ambos padres, no habrá nada que hay que discutir cuando llega el tema de la disciplina. A los padres les gusta pero a algunos niños no porque ya no pueden manipular a sus padres. Lo siento mucho, que triste.

6. El No Estar de Acuerdo en cuanto a la Disciplina en frente de los Niños.

Nunca hay que permitir que tus niños los ve (a ti y a tu esposo/a) no estar de acuerdo en cuanto a la disciplina. Hay que guardar estas discusiones para los momentos privados (por ejemplo, en el dormitorio de los padres, al salir a caminar o pasear en el coche, etc.). Cuando tenemos a un padre de familia que muestra una falta de respeto para la autoridad del otro padre de familia, estando los niños presentes, más vale proclamar una temporada de caza sin licencia en aquel padre de familia. Al igual que los tiburones, los niños huelen sangre en el agua y entran a matar en cada oportunidad que tengan. Las buenas noticias son que FAMILIA ayuda a eliminar este problema y tienes que aprender cómo se hace en la Segunda Parte de este libro.

7. El Tratarles a tus Niños Como si Fueran Esclavos (por ejemplo, la falta de la Reciporicdad).

La falta de la reciprocidad en las relaciones de padre de familia-niño crea mayor resentimiento entre los niños. Cuando padres reclaman mucho, pero dan poco, las insurrecciones ocurren. Los padres que son insensibles a la percepción de los niños en cuanto a lo que es justo y apropiado y la credibilidad están en peligro de caer. Aunque el respeto acompaña la posición de ser padre de familia, tienes que comportarte de una forma apropiada para conservar el respeto que deseas de tus niños.

Un ejemplo de lo anterior es el oficio del Presidente de los Estados Unidos de América. En las mentes de la mayoría de los ciudadanos de los Estados Unidos, el respeto para el oficio del Presidente es automático. El oficio de Presidente es una institución nacional. Si el Presidente quiere el respeto continuo, él o ella tiene que seguir actuando en una forma respetable. De otra forma, llega la deshonra al oficio, sea Republicano o Demócrata. Sólo hay que preguntarles a los presidentes Nixon y Clinton.

Un buen padre de familia aprende a guiar al servir. Un padre de familia exitoso es sensible a las necesidades de sus niños e intenta complir con ellas. Como resultado, el padre de familia va a poder cosechar lo que siembra. Esto aumenta las posibilidades de criar niños que también son sensibles a las necesidades de otros. La bellota no cae lejos del árbol. Padres de familia con un corazón humilde como sirviente crian a niños que dentro de poco se dan cuenta que ellos no son el centro del mundo. También hay otras personas en el Planeta con necesidades.

5 Razones por las cuales FAMILIA Podría Fracasar en Tu Casa

HE ENSEÑADO FAMILIA a médicos, abogados, maestros, oficiales en el servicio militar, profesionales en el área de la salud mental, pastores, empresarios, conserjes, y padres regulares como tú y yo. FAMILIA se ha desarrollado con la retroalimentación de miles de familias de prueba que provienen de Nueva Jersey, California, Oregón, Washington y Alaska. Estas familias representan casi todas las poblaciones religiosas, socioeconómicas, étnicas y culturales que se encuentran en los Estados Unidos. FAMILIA ha sido probado antes de llegar a tu casa. Si te estás preguntando si debes intentar una variación o desviarte de la manera en que enseño este sistema, te pido que no lo hagas. Es más probable que yo ya haya caminado por ese sendero con las más de 4.000 familias anteriores. Ya hemos pasado la prueba, lo hemos hecho, y tenemos la camiseta de recuerdo (no te olvides de comprar tu camiseta de Reglas de FAMILIA en www.family-rules.com). Yo esperé en escribir este libro, después de enseñar FAMILIA a una multitud de familias. Yo quería asegurarme de que el sistema funcionara antes de escribir un libro que se trataba del sistema, que te permitiría implementarlo en tu propia casa. FAMILIA funciona exactamente en la manera en la que se presenta en este libro, así que favor de no jugar con los métodos o desviarte de ellos.

He visto que FAMILIA transforme algunas de las situaciones más abusivas en algunas casas a un ambiente familiar donde los padres e hijos se comunican y se respetan. Más receintemente enseñé FAMILIA a un pastor y su familia porque tenían dificultades con un niño adolescente. Los niños no estaban muy entusiasmados por los cambios que iban a ocurrir en su casa una vez que FAMILIA fuera implementado. Le advertí que la vida que habían conocido dejaría de existir. Les advertí que cambios vendrían en camino que iban a requerir ajustes para todos. Finalmente, basado en mi experiencia con una multitud de otras familias, les dije a los niños que dentro de poco iban a estar contentos con los cambios en su casa y todos se llevarían mucho mejores.

Aproximadamente a los dos meses de haber implementado el sistema con la familia del pastor, pasé por la ventana en un restaurante de comida rápida en la comunidad. Mientras pedía los comestibles para bloquear mis arterias, el adolescente en la ventana declaró, "Yo le conozco. Usted es el hombre que implementó ese sistema de FAMILIA con mi familia." Le pregunté al adolescente, "¿Así que cómo va funcionando FAMILIA en tu casa?" El adolescente dijo, "Funciona muy bien. Al principio yo tenía mis dudas, pero todos nos estamos llevando mucho mejor, exactamente como usted prometió. Por fin mis padres me escuchan y por fin yo les estoy escuchando. Me están dejando hacer las cosas que quiero hacer, porque por fin yo estoy siguiendo las reglas. Ellos se confían de mí mucho más de lo que hicieron antes." Al salir, me quedé muy contento porque había escuchado otra historia de éxito sobre FAMILIA y porque tenía todo lo que había pedido en mi bolsa.

Si implementas FAMILIA de una forma correcta y consistente en tu casa ("las dos palabras que comienzan con ´C´"), sí que funcionará; sin embargo, si te desvías de la manera en que se enseña FAMILIA en este libro, va a fracasar. En el espíritu de pegarle otra vez a un caballo muerto y reconocer que la repetición es el mejor maestro, por favor, lee este libro una y otra vez para asegurarte de que comprendes bien el sistema FAMILIA. Debes implementar el sistema de una forma correcta y, lo más importante de todo, consistente. Si no implementas FAMILIA de una forma correcta y consistente, entonces sí fracasará en tu casa. Através de lo años, he visto otras razones por las cuales FAMILIA ha fracasado. Señalo estas razones en un intento de ayudar a que FAMILIA tenga éxito en tu casa. Favor de recordar, la implementación correcta y consistente es el ingrediente esencial para los resultados eficaces.

1. Lee Los Siete Pecados Cardinales de Ser Padre de Familia (Capítulo 4).

2. Los padres de familia no están dispuestos de meter el tiempo y la energía necesaria para implementar FAMILIA.

Padres de familia en verdad gastan mucho tiempo y energía demás al intentar de manejar casualmente el caos en sus casas mediante "las decisiones al azar" que podrían hacer si implementaran de una forma correcta y consistente FAMILIA en su casa. Los vicios viejos son difíciles de cambiar. Algunos padres de familia son demasiado viejos y vagos cuando les toca ser disciplinarios para con sus hijos y simplemente no quieren cambiar. Preferirían permanecerse apatéticos, inconsistentes o dar mandatos de su sillón, mientras leen el periódico y miran la tele a la vez. En breve, preferirían no cambiar sus propias vidas, y menos involucrarse personalmente en cambiar las vidas de sus hijos.

La implementación inicial de FAMILIA en tu casa es muy similar a lo de empujar un coche parado que no se arranca de en medio de la bocacalle. Sabes que tienes que moverte rápidamente para evitar un choque; pero te va a costar mucha energía al principio para hacer que el coche se mueva. Pones tu hombro en el coche en la parte de atrás, plantas bien los pies y comienzas a empujar con todo lo que puedas. Lentamente, el coche comienza a moverse. Mientras más empujes, más rápido se mueve. Dentro de poco, te encuentras en una situación donde no tienes que gastar tanta energía para mantener el coche en moviemiento. Es lo mismo cuando hablamos de implementar FAMILIA en tu casa. Tienes que estar comprometido a "las dos palabras que comienzan con ´C´" y tu trabajo como padre de familia será mucho más fácil a lo largo del camino. Si te das por vencido y regresas a lo de tomar "las decisiones al azar," vas a crear monstruos y vas a gastar mucha más energía a largo plazo.

3. Los padres de familia no están dispuestos de practicar lo que predican (como el decir, "Haz lo que digo y no lo que hago.").

Las experiencias de la vida, pensarías, deberían quedarse en los bancos de memoria de la mayoría de los adultos cuando tienen que ver con lo que experimentaron como niños al crecer; sin embargo, generalmente, no es así. Nunca me gustaba que las acciones de mis padres anunciaron claramente, "haz lo que decimos, no lo que hacemos." Me preguntaría, "¿Si mamá me dice que el fumar no es bueno para la salud, entonces por qué sigue fumando?" También, "Si mamá dice que el tomar no es bueno para la salud, entonces por qué toma tanto?" La única palabra que me vino a la mente cuando observé que mis padres se comportaron de dicha manera es la misma palabra que viene a las mentes de la mayoría de los niños cuando ven que sus padres dan este ejemplo – Hipócrita. Bien puedo ver que las mentes de los padres de familia comienzan a girar cuando pido que dejen de deicr palabrotas si ellos esperan lo mismo de sus hijos. La mayoría de los padres están de acuerdo con la sabiduría de un ejemplo consistente para sus hijos; sin embargo, recuerdo un padre que estaba en el servicio militar que decir que sus padres eran "buenos ciudadanos," a pesar de que echaban palabrotas como los camioneros. No quiero ofender a nadie, especialmente a los camioneros. Pero este principio no se trata de ser un "buen ciudadano." Se trata de ser un ejemplo consistente de un padre de familia.

4. Los padres de familia tienen asuntos sin resolver de su niñez tocante a la autoridad (por ejemplo, lo de ser criado con la actitud que se dirige contra el establecimiento, etc.).

Al enseñar a los padres de familia cómo deben de dar disciplina a sus hijos, hay barreras enormes que a veces se quedan en el camino a lo que es ser un padre de familia con éxito. Una madre casada, Lisa, tuvo grandes dificultades diciendo "no" a sus niños o hacer que sus hijos se sintieran responsabilidad para sus acciones. Después de hacerle muchas preguntas a Lisa sobre su pasado, ella estaba dispuesta a reconocer que se había criado en un ambiente rígido y abusivo con un padre que nunca le dejaba hacer lo que quería. Hizo un compromiso para proteger a sus propios hijos de una experiencia similar. Sin embargo, Lisa creó otros problemas para sus hijos como resultado de permitir demasiado. De hecho, siempre protegía a sus hijos de su padre. ¡Epa! Lo que quería decir era que los protegía de su esposo (tendría que haber sido un problema freudiano). ¿Entiendes lo que digo no? Lisa le estaba tratando a su esposo como si fuera su padre. Créeme, esto causa interferencia con lo que es ser padre de familia.

No nos olvidemos de Todd y Kris en el capítulo uno. La pareja de los finales de los años 1960 y 1970 que eran de la época de contra el establecimiento, quienes creían en la búsqueda de alcohol, dorgas, rock ´n roll, el amor libre y la protesta contra el gobierno. Viviendo estas filosofías inapropiadas de la vida en los años de 1990 interfirieron con su habilidad de ser buenos padres para su hijo, David. Sin embargo, ellos llegaron a ser ciegos de esta verdad y no estuvieron dispuestos de admitir que ellos contribuían a la decadencia académica de David. La negación es otro obstáculo de ser un buen padre de familia.

5. Los padres de familia se encuentran en una lucha de poder entre sí y no quieren ceder su ilusión de control (por ejemplo, no quieren compartir la autoridad, hay problemas en el matrimonio, etc.).

El mono ve, el mono hace. Los niños que son testigos de las peleas de los padres mientras son jóvenes no saben cómo pueden involucrarse en la relación del matrimonio sin tener conflicto. Participan en un baile de ira y control entre sí. Uno le trata al otro como si fuera un niño o como que no tiene la capacidad mental. Por su puesto, nadie sabe mejor que este individuo cómo dirigir la casa y criar a los niños. Como resultado, el maltratamiento físico y/o verbal a veces ocurre. En varias situaciones, el maltratamiento pasa a los hijos también. La asesoría para matrimonios y familias es necesario en estas situaciones.

Si tu esposo/a te está maltratando, por favor, ponte en contacto con un consejero profesional en tu comunidad inmediatamente. Tal vez un refugio de crisis. Más importante, ponte en contacto con la policía y haz una demanda de asalto. No dejes que tu esposo/a te convenza de otra manera. Busca la ayuda de seres queridos, tu iglesia, sinagoga y de tu comunidad. ¡No dejes que el maltratamiento siga!

A veces, en medio de las luchas para el poder, un padre de familia puede convertirse en algo apatético y apartado a lo largo del tiempo. Este padre de familia podría alejarse de tanto el/la esposo/a como de los hijos. Podría requerir ayuda profesional para involucrar al padre de familia alejado para poder hacer que esté estable el matrimonio.

6. Los padres de familia emplean mal FAMILIA para promover su propia agenda rígida y luego, cuando no funciona, acusan a FAMILIA de ser rígido en vez de ser responsables de sus propios asuntos.

Los padres de familia que son rígidos promueven la disciplina rígida. Las armas no matan a la gente, la gente mata a la gente. Padres de familia rígidos que desean controlar a otros usarán cualquier manera posible para promover su propia agenda rígida. Van a contaminar, torcer o deformar cualquier cosa para poder promover sus propios deseos. FAMILIA no queda extento de esta realidad. Si tienes un/a esposo/a que se comporta de esta forma, favor de postorgar la implementación de FAMILIA y busca ayuda de un consejero profesional – es preferible que sea un Consejero de FAMILIA (favor de ver el Apéndice A).

7. Los padres de familia están luchando con sus propios asuntos de la salud mental que quedan sin resolver los cuales interfieren con su habilidad de implementar el sistema de una forma correcta y consistente (por ejemplo, la depresión, ansiedad generalizada, ADHD en adultos, el abuso de alcohol y/o drogas, falta de madurez espiritual, problemas en el matrimonio, etc.).

Los asuntos identificados anteriormente se explican sin decir mucho más. Padres de familia son personas también. Luchan con una variedad de problemas físicos, espirituales y mentales que pueden interferir con su habilidad de ser un padre de familia bueno. Ustedes saben quienes son. Si no, escucha a tu esposo/a, él o ella te dirá. Busca ayuda si lo necesitas. Se puede comprender la negación por un período de tiempo corto. La negación que sigue no se puede aceptar.

Aunque podría escribir varios capítulos que se tratan de los asuntos de la salud mental que se quedan sin resolver, para ser breve, voy a dirigirme al asunto que me preocupa más: el manejo de la ira para los padres. En resumidas cuentas, hay muchos padres que piensan que está bien gritar, pegar y romper cosas cuando están enojados con su esposa y/o hijos. Estos padres pueden haber tenido un mal ejemplo cuando estaban creciendo y, entonces, nunca aprendieron cómo deberían de expresar sus sentimientos de dolor e ira en una forma apropiada. Estos padres bien podrían tener también un desorden depresivo mayor, un desorden bipolar, o ADHD con problemas severos de la impulsividad. Estos padres necesitan ayuda profesional. Saben quienes son. Favor de busar la ayuda profesional antes de perder a tu esposa, tus hijos y/o tu trabajo. Deja de echarle la culpa a tu esposa. Comienza a tomar la responsabilidad para tus acciones antes de que sea demasiado tarde. Por favor, busca ayuda ahora. ¡Hazlo!

6 Las Tácticas Empleadas por los Hijos para Manipular la Autoridad

HE TRABAJADO CON niños, adolescentes y sus familias por casi dos décadas. Ellos me han enseñado mucho a lo largo de estos años. He aprendido lo bueno y lo malo de manipular la autoridad de adultos. Fui también un adolescente y utilicé mis propias tácticas desarrolladas durante esa época de mi vida. Como muchos adultos, personalmente logré hacer algunos hechos que eran poco limpios en mi pasado. Estoy seguro que mis padres se caerían muertos si se interaran la verdad sobre su hijo de ejemplo perfecto. Naturalmente, como nuestros padres tuvieron que hacer cuando nosotros éramos jóvenes, nosotros ahora nos enfrenta el deber de criar a nuestros propios niños y adolescentes. Los amamos y deseamos lo mejor para ellos, al igual que lo que nuestros padres querían para nosotros. Ahora nos toca a nosotros llevar el bastón de sabiduría y experiencia.

He aquí el problema: la sabiduría viene de la experiencia y no tenemos experiencias anteriores. El criar a niños es igual de nuevo para nosotros como lo fue para nuestros padres cuando nosotros nacimos. Es sabio consultar con nuestros padres acerca de lo que hicieron para criarnos; sin embargo, sus consejos, aunque tengan las mejores de las intenciones, no necesariamente cumple con las necesidades de los tiempos que ahora están cambiando. Esto debes de recordar, hay algunas verdades básicas que trascienden cada nueva generación de niños y adolescentes. Es un hecho de la vida que no se puede negar, es tan cierto como la muerte y los impuestos, que los niños van a manipular la autoridad adulta para lograr sus metas sin importar si son morales, éticas, legales o seguras. Lo que sigue representan tácticas que los niños y adolescentes emplean para manipular la autoridad adulta.

1. Sentimientos de Culpabilidad.

La primera táctica que los niños y adolescentes emplearán para manipular a sus padres y otras autoridades adultas es la culpabilidad. La culpabilidad funciona como un cuchillo caliente que corta rápidamente la mantequilla sin tener resistencia. De la misma forma, los niños usan la culpabilidad para cortar rápidamente el mejor razonamiento de los padres sin tener resistencia. Amamos a nuestros niños y queremos que ellos lo sepan. Es difícil cuando nos comparan con Atila el Huno, Adolfo Hitler, Joseph Stalin o Sadam Husein. La mayoría de los padres quieren hacer un buen trabajo al criar a sus niños y tienen curiosidad en cuanto a cómo se comparan con otros padres de familia. Los padres de familia preguntan muchas veces si son demasiado estrictos o no. Desafortunadamente, los padres no siempre tienen una manera de ponerse en contacto con otros padres. Cuando sí tienen contacto con otros padres, es frecuentemente en acitividades deportivas, actividades de la iglesia o sinagoga, actividades de la comunidad u otras actividades que normalmente hacen que una comunidad se reúna. Durante estas actividades de la comunidad, el punto de enfoque de los comentarios no se basa en si los padres son demasiado estrictos o no en comparasión con otros padres, sino que el punto de enfoque es el evento en específico que los trajo juntos.

Afortunadamente, hay grupos de apoyo para padres de familia que se están juntando por todo el país para que el punto de enfoque de los comentarios pueda concentrarse en como ser un buen padre de familia para nuestros hijos. Si no tienes un grupo local de apoyo para padres de familia, ¿por qué no comienzas uno en tu escuela, iglesia, sinagoga, hospital o biblioteca local? También puedes unirte al forro de discusiones de Reglas de FAMILIA en www.family-rules.com para conversar con padres de familia de todo el mundo. Aunque ayuda saber cómo entran con otros padres en tu comunidad, al final, ustedes son los que deciden lo que sus niños pueden hacer o no. Si la mayoría de los padres en tu comunidad creen que está bien dejar que los niños salgan hasta la una de la madrugada, pero tú prefieres tener los tuyos en casa para las 10 de la noche, entonces tus hijos estarán en casa para las 10 de la noche. No permitas que tus hijos aprieten los botones de culpabilidad para que contradigas tu propio buen juicio. También, no te olvides de que tu papel principal como padre de familia es de ser disciplinario. Primero, tienes que pintar las líneas en el camino de la vida y actuar como las barrandillas en las curvas peligrosas, y segundo, eres un buen amigo. No dejes que tus hijos te hagan sentir culpable al punto en que dejas de ser disciplinario.

Cuando los niños y adolescentes de veras quieren algo, van a tratar de convencerte que debes ser su amigo Primero y luego el disciplinario. Es un error fatal y tienes que asegurarte de que no pase. ¡No! ¡No! ¡No!

¿Recuerda a Carl del capítulo uno? Era muy bueno para manipular a sus padres y él definitivamente sabía cómo apretar los botones de la culpabilidad. Cuando sus padres estaban hablando con él en terapia acerca de la posibilidad de enviarle a un lugar de tratamiento residencial a largo plazo, él automáticamente hablaba de asuntos del abandono. En el pasado, lo habían enviado a una escuela de "snow-boarding" en los estados continentales pero sin mucho éxito. En mi opinión humilde, el programa no parecía tener mucha estructura, ni parecía ser muy profundo en su acercamiento de tratar a los niños con asuntos emocionales y problemas de comportamiento. Carl también hubiera hablado de asuntos de abandono con respecto a la adopción. Observé el lenguaje del cuerpo de la mamá de Carl y sus expresiones de la cara mientras ella retrocedía de su posición. Vi que Carl y su mamá pasaban por este ciclo una y otra vez en mi oficina en varias ocasiones. No fue hasta Carl cruzó la línea, una última vez, que ella decidió junto con su esposo que había que enviarle a Carl a Samoa del Oeste para el tratamiento residencial a largo plazo. Ya no iba a permitir que Carl apretara los botones de la culpabilidad para prevenir que ella hiciera lo que ella sabía que tenía que hacer para salvarle la vida. Mientras estuve en Samoa del Oeste, durante mi tercer viaje de acompañamiento a esa isla en el Pacífico Sur, tuve la oportunidad de pasar un poco más de tiempo con Carl. Abiertamente, él admitió con remordimiento de cómo él apretaba los botones de la culpabilidad de su mamá para evitar que le enviaran a otro lugar. Carl estaba muy feliz de que por fin su madre se había puesto firme para hacer lo que tenía que hacer. Carl cree que su madre y padre le salvaron la vida.

2. Dividir la Autoridad para Conquistar.

Una casa dividida se cae. Estas palabras muchas veces se atribuyen al Presidente Lincoln; sin embargo, estas palabras provienen de Jesucristo cuando lo acusaron de ser poseído por Satanás. Jesucristo más o menos dijo que era imposible que Satanás lo poseyera y a la vez hiciera el labor de Dios (por ejemplo, echando fuera los demonios). Una casa dividida se cae. Desafortunadamente, he trabajado con familias donde los niños han logrado con éxito dividir a los padres. A medida que pasaran los años, ciertos padrones de relaciones desarrollan donde tanto mamá como papá creen que una persona es la buena persona, y la otra es la mala. Naturalmente, siempre es la otra persona que es la mala. El problema con este acercamiento a lo que es ser padre de familia es el hecho de que la casa está dividida y se caerá. Por lo tanto, los hijos tienen la oportunidad de entrar y salir de la puerta de atrás o por la ventana escondida y escaparse, todo mientras mamá y papá se están asaltando entre sí verbalmente. Los padres divorciados corren un riesgo muy alto de quedarse vulnerables a esta táctica de la manipulación. Para algunos padres de familia, el divorcio y las razones que los llevaron a él ya los han convencido en sus propias mentes que el otro padre de familia es en verdad, poseído por Satanás (por ejemplo, la persona mala). No hay que convencerle mucho através de la manipulación del niño para confirmar en la mente de uno que el/la esposo/a divorciado/a es Satanás en vivo. La triste verdad es que algunos niños de padres divorciados lo saben y utilizarán esta táctica lo más posible para conseguir lo que quieren.

Jim y Cheryl se divorciaron hace muchos años. Su hijo, Steve, vivió con su mamá por muchos años. Al crecer a una edad mayor, Steve se hizo amigos con un grupo de personas negativas. Su mamá y padrastro nuevo comenzaron a fijar más reglas en la casa en un intento de contener sus comportamientos inapropiados. Steve no estaba muy contento con el nivel de severidad de las reglas de su mamá, así que Steve manipuló emocionalmente a su papá Jim, y a su madrastra nueva para que pudiera vivir con ellos. Steve se quedó con su padre y nueva madrastra por casi un año hasta quemar los puentes con ellos. Para fin de año, su mamá, Cheryl se había olvidado de las manipulaciones negativas que Steve había cometido en su casa, y fue convencida por Steve que su ex-marido, Jim, era Satanás en vivo (el hombre malo). Por lo que, Cheryl rescató a Steve y lo trajo de vuelta para que viviera con ella. Todo iba bien por unas semanas hasta que el período de la luna de miel se acabó.

El nuevo padrastro de Steve encontró sus tarjetas de crédito en el bolsillo de Steve. Steve iba a usar las tarjetas de crédito para obtener avances de dinero en efectivo para comprar drogas. Cheryl y su nuevo esposo le hablaron a Jim avisándole que tenía que llevarle a Steve de regreso a su casa. Jim y su nueva esposa se pusieron en contacto conmigo y fijaron una cita para ayudarles en la transisión. Jim y su esposa junto con Cheryl y su esposo llegaron a mi oficina para una cita. Cheryl y su nuevo esposo lo hicieron muy claro que no querían a Steve otra vez en su casa. Estaban dispuestos de dar su 100% de cooperación a Jim y su esposa. Firmaron un contrato apoyando la presencia de Steve en la casa de Jim y su acuerdo de no interferir con las recomendaciones de terapia de mi parte. Cheryl y su nuevo esposo también dijeron que si Steve llegó corriendo a su casa otra vez, reclamando y quejándose de como Jim era Satanás en vivo, ellos lo dirigirían a la casa de Jim para arreglar todo. Ya no le iban a dar control a Steve con su manipulación.

Logré ayudarles a Jim y Cheryl poner su hijo Steve, en un rincón que no tenía salida. Sólo le quedaban a Steve dos opciones: Seguir las reglas en la casa y la escuela y así disfrutar de una vida abundante, o desobedecer las reglas de la casa y la escuela y pasar a tratamiento residencial a largo plazo. Cuando lo enfrentamos Jim y yo en mi oficina, Steve decidió obedecer las reglas en casa y en la escuela. Desafortunadamente, sólo pasaron aproximadamente cuatro semanas para que Jim y yo nos diéramos cuenta de que el compromiso de Steve para seguir las reglas era nada más que una promesa de los labios. Como resultado, Steve decidió participar en un tratamiento residencial a largo plazo. Cuando Steve iba saliendo de mi oficina, me dijo que estaba contento que se iba porque sentía que su vida se encontraba fuera de control. Él quería ayuda en manejar su vida y poner los pies de vuelta en la tierra. ¡Te dije! Los niños y adolescentes realmente quieren organización, estructura y disciplina. Quieren saber que vas a protegerlos sin importar las circunstancias.

3. La Ira

Si los sentimientos de culpabilidad o el dividir la autoridad no funcionan, entonces los niños van a comenzar a trabajar más fuerte con la táctica de la ira para manipular a sus padres. Si yo hubiera recibido una moneda de cinco centavos por cada vez que me intero que un niño había manipulado a un padre de familia, sería un hombre rico. Los niños y adolescentes cierran las puertas de golpe, rompen objetos, pegan, patean, rascan, muerden, empujan o gritan con todo lo que tienen con una cara enrojecida y ojos que parecen que van a saltar mientras caminen en dirección tuya con las manos apretadas. La ira puede ser una emoción que intimida, epecialmente cuando has sido víctima de maltratamiento verbal y/o físico en el pasado.

¿Qué ha de hacer una madre cuando es enfrentada por la ira de un hijo adolescente que es más grande que ella en estatura y peso? Sí, papá regresa a la casa y trata de intimidarle al hijo adolescente con su ira y la posibilidad de su confrontación física. Dentro de poco, mamá se queda sola para defenderse cuando papá no está en casa. Muchas madres viven con miedo hacia la ira de su hijo adolescente. Algunas madres pueden intentar de superar la ira de su hijo con su propia ira y reaccionan demás para poder tomar el control de su casa de nuevo.

Recuerdo un intento de utilizar la táctica de la ira con mi mamá cuando yo fui adolescente. Me golpeaba, agarraba por el pelo, me rastraba a mi cuarto y cerraba la puerta de golpe. Ella hizo lo que pensaba que tenía que hacer para poder controlar la situación. Hoy en día, lo que hizo sería clasificado como maltratamiento. Es importante no permitir que la ira de tu hijo te intimide ni te manipule. No dejes que utilicen la ira para conseguir lo que quieren. No es apropiado tampoco para cualquier padre de familia intimidar a sus hijos y participar en el maltratamiento físico para recuperar el control de la situación. Tú quieres evitar que la agencia de Servicios Protectivos para Niños intervenga si es posible. Si ellos entran a tu mundo, serán como una verruga en el pie que no puedes curar para salvarte la vida. Sin embargo, la agencia de Servicios Protectivos para Niños es una cosa necesaria. ¿Quién más va a proteger y abogar por los niños maltratados y negados en nuestras comunidades?

Joel se hallaba fuera de control y era un adolescente muy enojado. Él intimidaba a sus padres frecuentemente para que pudiera hacer lo que quería. Sin importar el número de ocasiones en las que intenté persuadir a sus padres a que se pusieran firmes y que no toleraran más las acciones de Joel, ellos tuvieron miedo de establecer un límite. Le advertí en varias ocasiones que la ira de Joel y las manipulaciones les iban a costar mucho, de una forma u otra, si no se pusieran firmes inmediatamente. Una noche, los padres de Joel tuvieron una confrontación con él en cuanto a su deseo de salir con sus amigos en una noche de escuela. Joel estaba enojado porque sus padres iban a salir mientras que él se tenía que quedar en casa para hacer los deberes de la escuela. Joel intentó usar su ira, pero sin éxito. Cuando sus padres regresaron a la casa, encontraron los muebles de la sala y la cocina estaban hechos pedazos. Joel había causado aproximadamente $10,000 de destrucción en la casa. Sus padres me llamaron en una crisis y decidieron que era el momento de enviarle a Joel a tratamiento residencial a largo plazo. Su comportamiento se hallaba obivamente fuera de control y ellos necesitaban más ayuda que podían recibir en un escenario en el que se encontraban en ese momento conmigo. Esta situación, obviamente un "tiro alto," merecía un ingreso inmediato a un centro de tratamiento residencial a largo plazo. Vas a leer sobre los "tiros altos" en el capítulo ocho. Le pusimos a Joel en un avión acompañado por su padre a los estados continentales para recibir tratamiento. La ira puede ser una emoción destructiva si lo dejamos sin límites. Los padres no deben dejar que sus hijos los intimiden con ira para poder conseguir lo que quieren. Los padres no deben de enfrentar la ira con ira, de otra forma, solamente van a hacer que se ponga peor al poner combustible al fuego. Si es necesario, toma un descanso, cálmate, y sólo después de esto debes darle disciplina a tu hijo.

4. El Miedo

Cuando todo lo demás fracasa, los niños y adolescentes van a sacar las ojivas termonucleares. La guerra convencional con las tácticas de la culpabilidad, la división de autoridad y la ira no han dado fruto. Entonces, los niños y adolescentes ahora están preparados para eliminar el enemigo en una forma completa. Los niños van a intentar intimidar a sus padres através del miedo al amenazarlos con golpearlos, matarlos, hacerse daño a ellos mismos, de suicidarse, quitar su amor, salir de la casa o de ir a la escuela y matar a sus compañeros. Los padres tienen que tomar todas estas amenazas en una forma muy seria y responder de una forma apropiada. Por ejemplo, si tu hijo amenaza que va a hacerse daño o va a hacerle daño a otra persona, tienes que llevarlo inmediatamente al hospital siquiátrico local o a la sala de emergencia en tu hospital general para una evaluación siquiátrica. Si tu hijo rehusa y no coopera al ir a una de estas instituciones, tienes la opción de ponerte en contacto con la policía local para que pasen por tu casa y hagan un chequeo de seguridad para asegurar que tu hijo no se encuentra en peligro ni representa un peligro para otras personas. Si es necesario, la policía podría transportarle a tu hijo a la institución apropiada de la salud mental para la seguridad y para una evaluación siquiátrica.

Al tomar estas amenazas en una forma seria y al responder en la forma apropiada, tu hijo va a aprender rápidamente que tú estás preocupado/a. Que tú no vas a permitir que él o ella haga daño a si mismo o hacerle daño a otra persona. No dejes tu meta de hacer que evalúen a tu hijo, aunque si en el camino al hospital siquiátrico local, tu hijo admite que él o ella estaba bromeando. Manda un mensaje que vas a tomar cada amenaza en serio y que vas a responder en una forma apropiada. Esto hará que tu hijo piense dos veces en el futuro antes de declarar algo similar otra vez.

No puedo hacer énfasis suficiente en la importancia de tomar cada amenaza en una forma seria. Puedo recordar de padres que no tomaron la amenaza de su hija para suicidarse en serio. Ellos pensaban que sólo quería atención. Lo triste es que un día la madre regresó del trabajo para encontrarla muerta debido a una dosis excesiva de medicamentos. No cabe duda que hay niños que usarían amenazas del suicidio como una acta para recibir atención y para manipular; sin embargo, uno nunca sabe si su hijo será el individuo que que en verdad llevó la amenaza a realidad. Entonces, una vez más, toma todas las amenazas de hacerse daño a sí mismo y de hacerles daño a otras persona en una forma seria y actuar en la forma apropiada. Llévale al niño al hospital y si no tienes esta cooperación, llama a la policía para una revisión de seguridad. Tienes que cuidar bien a tu hijo y mantenerlo seguro y a la vez enviar un mensaje que no te va a manipular con estas tácticas.

El miedo es una herramienta muy eficaz de la manipulación. Durante mi tercer año en la escuela preparatoria, habíamos terminado nuestra temporada de básquetbol en el torneo del Estado. Nuestra tabla de posiciones marcaba 25 partidos ganados y un partido perdido. Terminamos en cuarto lugar en el torneo y tuvimos una temporada de mucho éxito. A pesar de todo, ésto no era la manera en la que yo vi la situación. De hecho, yo estaba muy deprimido como resultado de haber perdido una vez en el torneo del estado, lo cual nos costó la oportunidad de jugar en el campeonato del Estado. Cuarto lugar no era suficiente para mí. En mi mente, cuarto lugar en verdad significaba el perdedor de tercer lugar. En esa etapa de mi vida, habiendo sido criado en una familia disfuncional, mi papel era uno de lograr demás. Pues, perdimos. El perder no es lograr nada. En mi mente, había fallado a mi familia, escuela y la comunidad de Salem, Oregón. Para arreglarme con el hecho de tener un ambiente de una familia disfuncional, me convertí en básquetbol y yo perdí, entonces, estaba muy deprimido.

Después del torneo del Estado de Oregón en marzo de 1979, yo no quería regresar a la escuela para enfrentar a mis amigos y maestros. Ahora para decir la verdad, estoy seguro que a mis compañeros de la escuela y a los maestros no les importaba en absoluto que habíamos jugado en el partido del campeonato o no. Después de todo, el hecho de que llegamos al torneo les permitió a mis compañeros de la escuela a tener varios días libres de la escuela y pudieron viajar a Portland para apoyarnos mientras jugábamos los partidos. Sin embargo, en mi mente disfuncional de adolescente, yo fui perdedor y los había fallado. Como resultado de este pensamiento pudriente, les dije a mis padres que yo tenía que escaparme para pensar. Le dije que yo estaba deprimido y no sabía qué haría si no tuviera el tiempo de hacer un escape para pensar. ¿Te diste cuenta del uso sútil de la manipulación con la amenaza de miedo? Bueno, mamá y papá tragaron mi carnada, con anzuelo y todo. Llegué a faltar a la escuela por una semana entera.

Mis padres permitieron que manejara a Seaside, Oregón para pasar una semana con nuestros amigos de familia. Hice el viaje de lo que normalmente tarda dos horas en aproximadamente una hora y veinte minutos. En el camino, casi me suicidé al intentar manejar el Pinto de mis padres contra un puente. Afortunadamente, y por la gracia de Dios, no lo hice. Desvié al último momento. Mis padres no tomaron mi amenaza en una forma seria, ni actuaron en una forma apropiada. Lo que hubieran hecho fue de llevarme a un terapista o a un hospital siquiátrico para una evaluación siquiátrica. Durante ese período breve de mi vida, yo estaba muy deprimido y propenso al suicidio. Como resultado de su falta de actuar en una forma apropiada a mi amenaza, casi tuvieron la experiencia desafortunada de recibir una visita de un Policía del Estado de Oregón para decirles de un accidente fatal con su hijo. Estoy seguro que ellos pensaban que estaban haciendo lo mejor en mi caso al permitir que saliera, pero la mejor opción hubiera sido de hacer que me evaluara un profesional de la salud mental. Quédate tranquilo, estoy mucho más estable hoy en día al nivel emocional. Jamás pensaría en suicidarme después de perder un partido de básquetbol o por cualquier otra razón.

7 Las Dificultades que Interfieren con el Cumplimiento

A VECES, LA FALTA DE cumplir por parte del niño con la autoridad adulta en la casa y en la escuela no sólo se debe a la desobediencia de voluntad. Un niño bien podría estar luchando con otros asuntos en la vida que, cuando se combinan con la desobediencia de voluntad, hacen que el cumplimiento con la autoridad sea casi imposible. Cuando un niño tiene una incapacidad, restricción o un trastorno, es común que los padres atribuyen todos los problemas del niño a una actitud negativa. Algunos padres hasta pueden concluir que estos problemas tienen sus raíces en asuntos espirituales.

Recuerdo un día cuando Oprah llevó a su sobrina, Felecia, a mi oficina para recibir asesoría. Ella había cambiado a su sobrina de un ambiente urbano a Alaska. Oprah quería quitarla de la influencia de las pandillas. Cuando Felecia se hallaba bajo el cuido de Oprah en Alaska, comenzaron a tener dificultades con respecto a diferentes asuntos. Oprah llevó a Felecia a mi oficina y pidió que exorcizara el demonio que su sobrina tenía. Le dije que esos eran los servicios que ella quería, que sería mejor hablar de un exorcismo bajo la guía de su pastor. También le expliqué que las compañías de seguro no dan reembolsos para los exorcismos hechos por los sicólogos.

Oprah llegó a enojarse conmigo y exigió otra vez que exorcizara el demonio de su sobrina. Usé la entrevista inicial diagnóstica que duró una hora para hacerle preguntas relacionadas al razonamiento que había concluído que su sobrina, Felecia, fue poseída por un demonio.

Al terminar nuestra sesión, le recomendé que siguiéramos con las pruebas sicológicas para eliminar las posibilidades de trastornos de aprendizaje, trastornos de falta de atención/la hiperactividad y una posible restricción neurofisiológico. Salió enojada de mi oficina con Felecia a su lado porque yo había negado exorcizar el demonio que tenía su sobrina.

Unas dos semanas más tarde, Felecia y Oprah tuvieron una discusión enorme. Oprah puso a Felecia en un hospital sicquiátrico donde con frecuencia yo hacía evaluaciones sicológicas en los pacientes adolescentes. Tuve la oporuntidad de hacerle las pruebas sicológicas a Felecia que yo había recomendado anteriormente. Los resultados de las pruebas indicaron que Felecia tenía un trastorno severo de una falta de atención a estímulos auditorios. Ella también tenía un nivel moderado de problemas de falta de atención cuando tenía que ver con estímulos visuales. Además de estas dificultades, Felecia también se hallaba con un leve trastorno mental y tenía algunos problemas neurológicos en el lóbulo frontal de su cerebro. Esta parte del cerebro maneja el razonamiento abstracto, la resolución de problemas, la habilidad de fijar metas y el control de las emociones.

Depués de escribir mi reporte, me senté con la tía de Felecia, Oprah, y le expliqué lo que en verdad Felecia estaba experimentado. Compartí con ella cómo ella podía ayudarle a Felecia a compensar por sus incapacidades. Le di a Oprah ideas nuevas para las intervenciones como padre de familia, tales como el escribir sus instrucciones, porque nada de lo que ella decía a Felecia le quedaba en el cerebro. Las palabras de Oprah a Felecia le estaban entrando por un oído y saliendo por el otro debido a la falta de prestar atención a estímulos auditorios. El siquiatra también le recetó Ritilina para Felecia. Unas semanas más tarde, después de que Felecia había salido del hospital, Oprah me llamó y me dio las gracias por la evaluación sicológica y las ayudas con las intervenciones como padre de familia. Dijo que Felecia y ella se estaban llevando mucho mejor y que no parecía que Felecia tuviera un demonio después de todo lo ocurrido. Pienso que Oprah por fin entendió que a veces hay personas que son tan celestiales mentalamente, que no necesitan nada de la tierra. Aunque creo en el reino espiritual, sólo creo que la mayoría de los problemas que enfrentamos de un día para otro son el resultado de nuestras disfunciones emocionales, sicológicos, físicos y de relaciones.

Las siguientes dificultades de la niñez que podrían interferir con el cumplimiento de tu autoridad se dan aquí para ayudarte a verificar las posibles "banderitas rojas." Si tu hijo tiene uno o más de estos problemas, favor de hacer que se evalúen por un profesional de la salud mental con licencia tal como un siquiatra, sicólogo o trabajador social clínico.

1. Incapacidades de Aprendizaje

La mayoría de los padres de familia quieren creer que su hijo es el más guapo y más inteligente de todo el planeta. Queremos creer que éste es un hecho de la vida y que nuestras preferencias como padres no tienen nada que ver con nuestras conclusiones. Sin embargo, un 75% de todos los niños caben en algún rango normal – entre el nivel inferior de lo normal y el nivel superior de lo normal. Sin embargo, normal es normal. Hay niños que sobrepasan el nivel normal y sobrepasan sus compañeros. Estos niños o son los mejores estudiantes de la escuela y dan discursos en la ceremonia de recepción o son los que causan problemas y se encuentran en la oficina del director de la escuela porque se aburren en las clases y no saben qué deben hacer con su tiempo.

Desafortunadamente, hay niños al otro lado del espectro que luchan con el aprendizaje de un día a otro. A veces, estos niños no son fáciles de identificar. Niños pueden ser excelentes en algunas materias en la escuela y tener dificultades con otras. Pueden estudiar por muchas horas más que sus compañeros sólo para sacar una "C" (o un 7) como calificación final. Algunos niños sinceramente meten mucho esfuerzo y sólo sacan una "D" o "F" (un 6 ó 5) como calificación final.

Una vez más, como mencioné anteriormente, algunos padres van a atribuir los motivos negativos o razones por las que un niño recibe una "D" o una "F" como calificación final. En algunos casos sí tienen razón. En otros casos están totalmente equivocados. Hay tal cosa como una Incapacidad de Aprender Matemáticas o una Incapacidad para la Expresión Escrita. Tenemos que admitir, que el sistema de las escuelas públicas está abrumado por la pura cantidad de estudiantes. A menos que las dificultades académicas de tu niño sobresalten como un dedo hinchado, tienes que abogar por él o ella con el distrito escolar. Si tienes alguna razón donde sospechas que tu niño tiene dificultades con una incapacidad de aprendizaje, entonces tienes que hablar con la escuela para hacer que lo/la evalúen. Favor de recordar, que la rueda chirriante recibe el aceite. No aceptes "no" como respuesta. El distrito escolar tiene que proveer el Woodcock-Johnson Psycho-Educational Test Battery (WJ-III) para eliminar una o varias posibles incapacidades de aprendizaje. Si has abogado sin descansar por tu hijo y el distrito escolar todavía no quiere darle una evaluación, ponte en contacto con un sicólogo local en la comunidad para ver si él o ella tiene la capacitación para administrar el WJ-III a tu hijo. Si un sicólogo local identifica una o más de las incapacidades de aprendizaje mediante las pruebas apropiadas, entonces puedes regresar a la escuela armado con la información necesaria para hacer que evalúen a tu hijo como habías pedido anteriormente.

2. Deterioro Intelectual

Hay mucha controversia en cuanto a si un cociente intelectual (CI en español, IQ en inglés) existe o no. Bueno, vamos a poner un fin a esta controversia de una vez. Hay tal cosa nombrada el CI. Sólo tienes que hablar con Albert Einsten o David Hawking. Luego, puedes hablar con tu Fulano. ¿Entiendes lo que quiero decir? Mi experiencia através de lo años me dice que es importante tener una idea de lo que es el CI de tu hijo. Hay una cosa cierta, dudo mucho que un individuo pueda adivinar con certeza lo que es el CI de alguien. Recuerdo haber trabajado en un hospital siquiátrico con un siquiatra que quería que yo administrara un examen de CI a una joven adolescente. El sospechaba que su CI caía bajo los niveles normales y quería una confirmación de este hecho. Le di el examen según la petición de este siquiatra y el resultado de CI terminó en el nivel superior. El siquiatra quedó atónito y no podía comprender cómo obtuvo un total tan alto. Después de todo, en su mente, esta joven adolescente había hecho una tontería tras otra para que la pusieran en el hospital. Él estaba seguro que su resultado de CI indicaría otra cosa. ¿Cómo podría haberse equivocado? A fin de cuentas, él era un médico y un siquiatra también.

Para ser justo al siquiatra, a pesar del hecho de que he administrado muchos exámenes de CI, yo también a veces intento de adivinar, en mi mente, el resultado del CI de alguien antes de administrar el examen; sin embargo, yo aprendo que en la mayoría de los casos estoy totalmente equivocado. Siempre me río cuando leo el informe de otro profesional en la comunidad que agrega una estimación del CI de un individuo. Sé de mi propia experiencia que no hay manera que su estimación sea preciso. Sin embargo, sí creo en el valor del hacer exámenes de CI y los resultados que proporcionan para padres de familia y educadores. una adivinanza imprecisa, podemos ajustar nuestras expectivas en una forma apropiada.

3. Trastorno de Déficiencia de Atención y el Trastorno de Hiperactividad y Deficiencia de Atención (ADD/ADHD siglas en inglés).

Hay mucha información equivocada que se encuentra en Internet, en la prensa y en los libros sobre ADD/ADHA. Favor de recordar, a pesar de todo el sensacionalismo negativo en la prensa, las noticias malas venden cosas. Por ejemplo, miles de aviones se despegan y aterrizan con seguridad todos los días en el mundo. Es mucho más seguro volar que es manejar en un coche. Sin embargo, cuando un avión se cae en un accidente, escuchamos todo sin parar en todos los canales de la tele durante las próximas dos semanas. ¿Fue un error de piloto? ¿Fue una bomba que explotó? ¿Era una falla mecánica? Las cámaras siguen rodando, los reporteros siguen con las preguntas y la mayoría de las personas siguen como esponjas creyendo todo lo que ven. Lo que no escuchamos en las noticias diarias de la tele son los escenarios como el que sigue: "¡Aquí estamos en la puerta B-5 dando testimonio de otra llegada éxitosa de un avión de pasajeros! Esperen un momento, creo que oigo los pasos de los pasajeros que van saliendo. ¡Sí! ¡Aquí están! ¡Más familias reunidas otra vez!" Lo más importante de todo aquí es que a pesar del sensacionalismo negativo de la prensa, ADD/ADHA sí existe. Por cada historia negativa que me puedes contar de Ritilina u otro medicamento que es un sicoestímulo, yo te puedo contar de miles de historias positivas acerca de cómo el medicamento ha ayudado a individuos y familias. Las investigaciones muestran que la mejor manera de tratar este trastorno es una combinación de medicamentos y la modificación de comportamiento, no el uno sin el otro. Es bueno que estés aprendiendo sobre el sistema de FAMILIA.

Hay mucha emoción sobre el hecho de que sacan demasiados diagnósticos de ADD/ADHD en los Estados Unidos. Sí, es posible que haya personas que fueron diagnosticados con ADD/ADHD que no lo tienen. De la misma forma, hay otras personas que sí no recibieron el diagnóstico de ADD/ADHD pero lo tienen. La forma más común de hacer un diagnóstico de ADD/ADHD en los Estados Unidos es através de un médico. Desafortunadamente, aunque sean médicos capacitados, sus métodos de evaluación son sujetivos en lo mejor de los casos. En otras palabras, ellos hacen muchas preguntas o juntan información en un reporte de maestros y padres de familia. Este método de juntar información cae bajo la gran influencia de la opinión del médico, la opinión de los padres y la de los maestros. Esto quiere decir que las posibilidades suben de una forma significativa de obtener un diagnóstico que sea falso positivo o falso negativo.

No estoy disminuyendo la importancia de esta información sujetiva, sino que estoy señalando la importancia de obtener información objetiva de pruebas como algo que sea adicional. Las opciones de pruebas objetivas existen para identificar un diagnóstico posible de ADD/ADHD, pero muchos médicos y sicólogos no están conscientes de este hecho. Al realizar una evaluación para ADD/ADHD, yo administro la Wechsler Intelligence Scale for Children – Third Edition (WISC-III) (La Escala Wechsler de Inteligencia para Niños – Tercera Edición); Connors´ Rating Scales for Parents and Teachers (Escala de Niveles de Connors para Padres y Maestros); el Test of Variables of Attention – Visual and Auditory (TOVA) (el Examen de Variables de Atención – Visual y Audio); y el Wisconsin Card Sorting Test (el Examen de Sorteo de Wisconsin). También utilizo la información sujetiva que recibo de una entrevista diagnóstica de una hora. El examen de TOVA y el de Wisconsin Card Sorting Test se administran en computadora y la información objetiva se combina con la sujetiva para llegar a un diagnóstico de si el niño, adolescente o adulto en realidad tiene ADD/ADHA. Una evaluación completa usará lo mejor de los dos mundos – información sujetiva y objetiva.

Favor de tener cuidado al buscar evaluaciones para ADD/ADHD de los médicos, siquiatras o sicólogos que sólo usan la información sujetiva para formar un diagnóstico. El depender únicamente en la información sujetiva puede caer víctima en gran parte de las opiniones de un padre de familia, un maestro, o un profesional no representa el mejor acercamiento. Pregúntales acerca de los exámenes objetivos que usan en sus procedimientos diagnósticos para suplementar su información sujetiva. Desafortunadamente, algunos de estos profesionales nisiquiera van a saber de lo que hablas cuando haces esa pregunta. La mayoría de la emoción que se ve en la prensa sobre un diagnóstico equivocado de tener ADD/ADHD se debe al hecho de la falta de las pruebas objetivas como un suplemento a la información sujetiva que el profesional juntó.

Hace varios años, recibí la referencia de un joven adolescente, Paul, por parte de un director de una escuela privada y los padres del joven para una evaluación de ADD/ADHD. Estaban seguros que él tenía este trastorno. Después de darle los exámenes descritos anteriormente, ni estaba cerca de tener ADD/ADHD. Sin embargo, la información de las pruebas objetivas indicaron la posible presencia de depresión, un trastorno mental leve, y la posibilidad de una incapacidad neurosicológica. Después de algunas pruebas adicionales, pude concluir que Paul poseía un trastorno mental leve y que experimentaba un trastorno depresivo mayor. Logramos tratar su depresión con el medicamento y asesoría apropiado, y le mandé al sistema público de educación para los servicios de recursos especiales. Aunque Paul llegó con todos pensando que tenía ADD/ADHD, volvió siendo que tenía un problema que era completamente diferente. Creo que la información sujetiva combinada con la información de las pruebas objetivas me ayudaron a diferenciar claramente entre lo que pensaban los padres y el director de Paul y lo que en la actualidad tenía.

Al final, algunos distritos de las escuelas no hacen un buen trabajo en evaluar y hacer referencias de niños y adolescentes para evaluaciones de ADD/ADHD. He vivido en una comunidad donde la norma con respecto a las referencias de ADD/ADHD era igual a la norma del Presidente Bill Clinton con los gay en el servicio militar: "No preguntes – No te diremos." En esta comunidad, los maestros se me han acercado durante mis talleres y me han explicado que se les dijo a ellos, por parte del distrito escolar, que no deberían de decirle nada directamente al padre de familia que su hijo necesitaba recibir la evaluación de ADD/ADHD. Debido a su interpretación de la ley federal, el personal del distrito creía que sería obligado financialmente por pagar los gastos de la evaluación si un maestro hiciera la referencia.

Cuando intenté hablar de este asunto con el jefe del distrito escolar y los del consejo de la scuela, me dijeron que los maestros no tenían la capacidad de hacer un diagnóstico. No tienen las calificaciones como para hacer tales referencias. Me reí y dije, "Así que, ¿si un niño se cae de un columpio o algo similar al estar jugando en el terreno de la escuela y quiebra el brazo, ni sus maestros ni la enfermera de la escuela hará una referencia para que vaya a la sala de emergencia para hacer que le atiendan el brazo quebrado porque no son capaces de hacer diagnósticos?" La idea de no hacer referencias para realizar evaluaciones es tonta, basado en su temor de tener que pagar por la evaluación. Mi frustración con el distrito se eleva más porque yo estaba trabajando con niños que se estaban escondiendo en las rendijas. Los niños y adolescentes con ADD/ADHD que siguen sin un diagnóstico y sin tratamiento terminan con dificultades académicas y con un disgusto para la escuela. Su autoestima comienza a disminuir rápidamente y terminan pasando tiempo con otros adolescentes que tienen una existencia similar. Con su disgusto similar para la escuela y las personas de autoridad que constantemente se hacen burla de ellos por sus fracasos académicos, ellos deciden pasar más de su tiempo experimentando con el alcohol y las drogas. Al final, yo termino tratando a estos jóvenes cuando llegan a los últimos años de la adolescencia. Después de realizar mi entrevista diagnóstica inicial de una hora, veo las "banderitas rojas" en varios lugares para un posible diagnóstico de ADD/ADHD. Al final, hago la evaluación del niño para el trastorno y para confirmar la realidad que sí lo tienen cuando en verdad tendrían que haber sido evaluados ya hace varios años. Ahora los padres y yo tenemos que trabajar mucho tiempo para hacer que los pies y la autoestima del joven estén plantados en la tierra. Terminamos arreglando a Humpty Dumpty mientras que el distrito escolar se ha ahorrado un poco de dinero.

Es muy importante que explores las normas de tu distrito escolar local con respecto al tema de las referencias para las evaluaciones de ADD/ADHD. Algunos distritos escolares identificarán y darán referencias para las evaluaciones mientras que otros adoptan la norma de "No preguntes – No te diremos." No debes de presumir que tu niño esté en manos seguras y que tu distrito escolar te avisarán cuando haya algún problema. Para ser justos con algunos de los distritos escolares, sí vivimos en una sociedad de ligitios y ellos de veras tienen preocupaciones ligítimas de tener miedo de que tendrían que pagar los gastos por haber hecho una referencia para tal evaluación. Puedes trabajar con los miembros del consejo escolar local y la administración del distrito escolar para crear una norma de aseguranza donde se pueden realizar las referencias sin la amenaza de un pago. Haz un esfuerzo en tu barrio para que comience todo. Nosotros comenzamos un movimiento entre los vecinos y logramos abrir las puertas para que los maestros pudieran tener la libertad de hablar en una forma abierta con los padres de familia. Los mejores libros que puedes leer sobre ADD/ADHD son Driven To Distraction (Motivado a la distracción) y Answers to Distraction (Respuestas a la distracción) ambos por Hallowell y Ratey. Aprende sobre los hechos verdaderos y tira las opiniones del abuelo y Tía María a la basura.

4. La Depresión.

A medida que vaya pasando el tiempo, estamos aprendiendo más sobre el trastorno de la depresión. La depresión puede interferir en una forma definitiva con la habilidad que tiene un niño para cumplir con la autoridad adulta en la casa o la escuela. La depresión puede afectar la autoestima, el nivel de energía y la motivación de uno, al igual que la habilidad de prestar atención y de pensar claramente. La depresión puede depender de diferentes influencias tal como la ubicación de uno, como el hecho de aparecer debido a la muerte de un ser querido. La drepresión puede ser a causa de climas del norte como el de Alaska, Canadá, Europa y Asia. El trastorno afectivo de las estaciones del año viene a causa de la falta de la luz del sol que llega a la retina. Como resultado, un mensaje se envía al hipotálamo, que transmite un mensaje através de la glándula pineal que dice, "¡Oye, es invierno aquí! ¡Llegó el momento de hibernar!" Personas llegan a ser malhumorados, tienen hambre, están deprimidos y quieren hibernar. Al final, la depresión puede ser a causa de un desequilibrio bioquímico en el cerebro. Es un hecho bien documentado que se puede encontrar la depresión en familias debido a la pre-disposición genética. En otras palabras, si tienes un padre de familia o ambos que tienen una historia de la depresión, es más probable que un padre de familia o ambos de sus padres tuvieron una historia de la depresión. Tú o tu hijo podrían terminar experimentando un trastorno depresivo también.

La mejor manera de tratar la depresión debido a ubicación es mediante el apoyo emocional y tiempo. La mejor manera de tratar al trastorno afectivo debido a las estaciones del año es con una combinación de un antidepresivo y la terapia de la caja de luz. Finalmente, la mejor manera de tratar una depresión debido a un desequilibrio químico en el cerebro es con un antidepresivo y terapia. Es mejor no hacer un diagnóstico de tus niños o ti mismo, sino que, es mejor ver un médico o un profesional de la salud mental para una evaluación.

5. La Ansiedad Generalizada

La ansiedad es un trastorno real y puede ser difícil vivir con él. Puede hacer que los niños desobedezcan la autoridad de padres de familia porque intentan evitar el enfrentar sus propios miedos y ansiedad. Es posible que no quieran contarte de su ansiedad o tal vez ni sepan estar conscientes de su propia ansiedad y miedo. Afortunadamente, hay ayuda para los trastornos de ansiedad. La mejor manera de tratar la ansiedad es con una combinación de terapia y los medicamentos de anti-ansiedad. Yo creo que el mejor acercamiento terapéutico para tratar la ansiedad es con un terapista que utiliza el acercamiento de comportamiento-cognitivo. En muchos casos, creo, un pensamiento irracional y poco saludable conduce a problemas con la ansiedad. Cuando le ayudo a un adolescente o a un adulto a cambiar sus pensamientos irracionales a pensamientos racionales, en la mayoría de los casos, dentro de poco la ansiedad se apacigua. Después de poco, estas personas pueden dejar a un lado los medicamentos de anti-ansiedad y permanecerse estables a largo plazo. Otra vez, no debes realizar el diagnóstico ti mismo, sino que, debes ver un médico o consejero de la salud mental para recibir una evaluación.

6. El Abuso y la Dependencia de Alcohol y Drogas

En la mayoría de los casos, los niños con problemas de actitud hacia las personas de autoridad en la casa y en la escuela han experimentado con el alcohol y las drogas en por lo menos una instancia. Dejé de sorprenderme hace años cuando un niño, después de poco, confesó que había usado alcohol, marijuana u otros químicos ilícitos. Pocas veces un adolescente confesará a sus padres o terapista en cuanto a su uso de alcohol y otras drogas. Si lo hacen, siempre proveen información equivocada y disminuida en cuanto a la cantidad que usan.

Hay dos buenas pruebas que dan un perfil de la personalidad que yo uso como sicológo para evaluar los clientes adolescentes con los que trabajo son el Minnesota Multiphasic Personality Inventory (MMPI-A) (el Inventario de Minnesota de Múltiples Fases de la Personalidad) y el Millon Adolescent Clinical Inventory (MACI) (el Inventario Clínico de Millon de Adolescentes). No solamente son las dos pruebas que se administran con mayor frecuencia sobre el perfil de las personalidades para adolescentes en los Estados Unidos de América, pero también es posible que sean las dos pruebas que se administran con mayor frecuencia en la Galaxía de Milky Way. Sin embargo, no he hablado con muchos extra terrestres para confirmar este hecho. No obstante, estas pruebas son herramientas sicométricas adecuadas de evaluación utilizadas para comparar las respuestas de tu adolescente con las de otros adolescentes.

Estas pruebas ayudan a determinar si tu hijo está experimentando o no la depresión, la ansiedad, los trastornos de comer, la auto-estima baja, los problemas familiares, la inseguridad con los compañeros y la incomodidad que uno siente con su cuerpo. También ayudan a acertar si tu hijo está experimentando o no con el alcohol y las drogas o por lo menos tiene una personalidad consistente con los que puedan estar experimentando con el alcohol y las drogas. Si fuera yo, y yo pensaba que mi hijo adolescente estaba jugando con el alcohol y otras drogas, yo lo llevaría a ver a un sicólogo y pedir que le dieran estas dos pruebas. También llevaría a mi hijo a obtener un análisis de la orina para ver si su orina estuviera "limpia" o no.

Finalmente, debes saber que el mejor acercamiento para tratar el abuso de alcohol y las drogas junto con la dependencia a estos vicios es un escenario de un grupo. La terapia individual con una persona que abuse del alcohol y las drogas no tiene tanto éxito como la terapia en grupo en un ambiente de paciente internado o no internado. Es mucho más difícil para que la persona que abuse del alcohol o drogas haga una trampa entre un grupo de personas que cuando está con un terapista individual.

Como una nota adicional, es algo desafortunado que algunos padres de familia no lleven a su hijo adolescente a un profesional de la salud mental si su hijo no quiere ir. El llevarle a tu hijo a un profesional de la salud mental no es nada diferente a llevarle al dentista para un diente con un absceso o de llevarle al médico para un brazo quebrado. Es posible que tu hijo no quiera ir al dentista o al médico, pero lo/la llevas de todas formas porque hay que tratar el diente con el absceso o el brazo quebrado en una forma inmediata. De la misma forma, cuando tu hijo tiene necesidades emocionales o sicológicas, hay que tratar esas necesidades en una forma inmediata.

En situaciones donde tu hijo muestra resistencia a visitar con un profesional de la salud mental, sólo tienes que jugar el papel de un Borgo en un episodio de Viaje a las Estrellas y declarar lo siguiente a tu hijo, "¡La resistencia es inútil! ¡Serás asimilado!" En otras palabras, tú eres el padre de familia y tu hijo va a hacer lo que tú quieres que haga. En algunos casos, les digo a padres de familia a que pongan una consecuencia importante si su hijo no cumple, al igual que poner un buen premio si es que cumple.

7. Daños Neurosicológicos

Desafortunadamente, debido a la alineación de los planetas, la suerte del azar, los efectos generales del pecado original en el hombre cuando Adán y Eva cayeron en el Jardín de Edén, o el abuso de alcohol y drogas por una madre embarazada, algunos niños nacen con daños neursicológicos. Parece ser que cada libro que leo tiene una analogía para explicar el punto de vista de un autor, así que voy a hacer el mismo intento también.

Alguien que tiene un desequilibrio químico en su cerebro que causa la depresión es equivalente a una computadora con un problema con el software. Se puede corregir los problemas de software a volver a configuar la información, al simplemente borrar el software del disco duro y conseguir un disco nuevo, o al reinstalar el software que uno quiere otra vez. Sin embargo, los problemas con los discos duros no se corrigen con una reconfiguración. Si tu módem falla, lo tiras. Es hora de comprar un módem nuevo. Cuando partes de nuestro cerebro fallan, no se puede reemplazarlas. Entonces, daños neurosicológicos tienden ser problemas de toda la vida.

Sin embargo, tengo un buen amigo que es sicólogo que discutiría en contra de todo esto fuertemente. Me dijo que él "quemó" su cerebro usando drogas ilícitas cuando era joven y que Dios lo había sanado. ¿Quién soy yo para discutir contra sus experiencias de la vida? Él es ciertamente uno de los hombres más inteligentes que yo conozco. Si su cerebro fue "quemado" en el pasado, él definitivamente ha sido sanado basado en cómo se comporta ahora. A veces, las neuronas existentes pueden desarrollar nuevos caminos en el cerebro para recompensar por las deficiencias. El cerebro es un órgano que fue creado en una forma maravillosa.

Si tú abusaste de alcohol u otras drogas al estar embarazada con tu niño, es posible que quisiera hacer que tu niño sea evaluado por un pediatra, neurólogo o neurosicólogo. Con seguridad, un niño con un daño neurosicológico tendrá dificultad en cumplir con las reglas en la casa y en la escuela. Es posible que tengas que ajustar tus expectativas para estar al nivel de la habilidad que tiene tu niño para cumplir en esta situación única. En la otra mano, es posible que el sistema de FAMILIA pueda ser inapropiado para las necesidades del desarrollo de tu niño. En todos casos, si sospechas que tu hijo pueda tener alguna forma de daño neurosicológico, favor de hacer que le hagan una evaluación inmediatamente.

8. Trastorno Emocional.

Vamos a ser muy claros, tenemos algunas personas muy enfermas hoy en día en nuestra sociedad. Desafortunadamente, hay algunas casas inestables como resultado de muchos adultos que se encuentran extremadamente disfuncionales. Algunos niños han sido maltratados emocionalmente durante sus años cortos en este planeta. Como resultado del maltratamiento emocional, su nivel de confianza con todos en este planeta está en cero. En la mayoría de los casos, estos niños se arreglan como puedan, haciendo el intento de cumplir con sus necesidades porque no han percibido que haya alguien más que lo va a hacer. Harán todo lo necesario para cumplir con sus propias necesidades emocionales que perciben, aún si significa desafiar la autoridad adulta en casa y en la escuela. En casos muy frecuentes, estos niños se hallan en casas adoptivas, casa de grupos y en familias donde divorcios múltiples han ocurrido. En estas situaciones, la mejor opción es poner en pausa la implementación de FAMILIA y obtener la terapia que tu hijo necesita para poner sus pies emocionales otra vez en la tierra. Sólo hay que implementar FAMILIA cuando el niño está más estable emocionalmente.

9. Trastorno de Conducta.

Veo cada vez más un aumento en el número de niños con trastornos de conducta que entran a mi oficina buscando ayuda. Los niños con trastornos de conducta tienen una fuerte tendencia de romper las normas sociales, reglas y leyes en sus casas, escuelas, iglesias, sinagogas y comunidades. Los niños con trastornos de conducta van a mentir, hacer trampas, robar, usar la fuerza para conseguir lo que quieren, y al final desafían cualquier autoridad que perciben. De hecho, es más probable que ellos dirían a las personas de autoridad en su vida que deben de tomar una caminata larga en un precipicio alto. Cuando los adolescentes con trastornos de conducta comienzan la terapia, las posibilidades de que cambien su conducta sin orden y estructura es casi inexistente. Afortunadamente, FAMILIA ha sido usado para cambiar la conducta de tales niños.

Para ser honesto, son los dientes que se encuentran en el sistema de FAMILIA que ayudan a algunos de estos niños a cambiar sus vidas en una dirección positiva. Los dientes a los cuales me refiero se ven en la posibilidad de que vayan a un tratamiento residencial a largo plazo si siguen con la decisión de desobedecer las reglas en la casa, la escuela, la iglesia, la sinagoga y en la comunidad. Con un niño con trastornos de conducta, tal vez sea necesario que tú mismo tengas que trabajar en tu propia culpabilidad para que tu hijo obtenga la ayuda necesaria. Favor de no olvidar que el temor reverente de la autoridad es bueno. Las posibles consecuencias que la persona de autoridad puede imponer en un niño desobediente pueden ser herramientas de motivación muy positivas siempre y cuando sean legales, morales y éticas.

Entre algunos adolescentes en Fairbanks, Alaska, fui conocido como el sicólogo que enviaba a los chicos a otros lugares. Poco a poco voy desarrollando la misma reputación entre los adolescentes de Grants Pass, Oregón. Una noche, al estar esperando en la fila de una tienda de videos en Fairbanks, un grupo de adolescentes estaban susurrando entre ellos y mirando así atrás en mi dirección y susurraron otra vez. Salieron de la tienda rápidamente. El joven que estaba al otro lado del mostrador dijo, "¿Qué es esto de Dr. J? ¿Por qué están hablando de que envías a jóvenes a otros lugares?" Respondí al joven diciendo, "Yo no envío a nadie a otras partes. Los chicos toman la decisión de enviarse a sí mismos al desobedecer a sus padres y las autoridades de la escuela. Además, ningún chico es enviado sin el consentimiento de sus padres."

Recientemente, me llamó un padre de familia y me preguntó, "¿Es usted el sicólogo que les envía a los chicos a otras partes? Quiero que me ayude a enviar a mi hijo a un tratamiento residencial a largo plazo ahora mismo." Le dije, "Espere un momento por favor. Vamos a juntarnos para hablar del por qué usted piensa que su hijo tiene que irse a uno de estos lugares. El enviarle a un chico a un tratamiento residencial a largo plazo es la última opción. Quiero asegurarme que hemos intentado todo lo demás primero. Mi meta es cambiarle a su chico para que él o ella pueda quedarse en su casa." La moraleja de esta historia es lo siguiente: no tomes la decisión tan rápida de enviarle a tu chico a otro lugar. La verdad es que el tratamiento residencial cuesta mucho más dinero que tu consejero local.

10. Maltratamiento(s) que Queda(n) sin Revelar.

Al dar terapia, me entristece descubrir que un niño o adolescente haya sido maltratado física o sexualmente por un miembro de la familia, algún cuidaniños, un pariente de la familia extendida o algún extraño. Obviamente, un niño que ha sido maltratado sexualmente y decide suprimir la memoria conscientemente o inconscientemente, lo ve como algo difícil el tener confianza en una persona de autoridad.

Hay mucha controversia entre los profesionales de la salud mental con respecto a memorias reprimidas. Me vacilo mucho en el hecho de buscar las memorias reprimidas. La última palabra por ahora es que los estudios de la investigación muestran que la recuperación de memorias via la hipnósis no es algo en el que se puede confiar. La reconstrucción de memoria puede ocurrir y se puede ver eventos que caben dentro de la realidad. Mi creencia es que las memorias surgen si la persona está preparada sicológicamente para tratarlos. Yo no recomiendo el uso de la hipnoterapia para recuperar memorias porque no se puede confiar en ella. Hay muchas variables involucradas tales como, el cómo se hacen las preguntas, lo que quiere creer una persona, o lo que alguien no quiere creer que pasó. La hipnoterapia es útil para otras formas de tratamiento sicoterapéutico tales como para la represión de los deseos ardientes para la nicotina o para ayudarle a un atleta a enfocarse mejor durante una competencia; sin embargo, como mencioné anteriormente, la hipnoterapia no se ha aprobado en una forma que sea confiable cuando tiene que ver con la recuperación de memoria.

Cuando yo comencé mis estudios en la Universidad de Rutgers en Nueva Jersey para recibir mi título en la Maestría de Trabajo Social, me dijeron que la mejor manera de ser un buen terapista era de pasar por la terapia yo mismo. Era importante como clínico saber cómo era estar sentado en la silla de nuestros clientes. Afortunadamente, la Universidad de Rutgers proporcionó asesoría gratis para los estudiantes graduados. Yo sabía que tenía que enfrentar muchos asuntos de enojo, pesar y pérdidas en mi terapia. Entonces, yo estaba muy feliz de aprovechar de la asesoría gratis. Pasé un año en terapia con una sicóloga maravillosa, que me ayudó a trabajar con muchos asuntos familiares que quedaron sin resolver desde mi niñez.

Durante mi año de terapia individual, no le dije nada a mi sicóloga acerca de algo que había comenzado unos años antes. Desde que tenía nueve años, había tenido un sueño recurriente una y otra vez. El sueño siempre comenzaba conmigo como un niño joven sentado en el sofá en la casa de mis padres. Estaba solo. Estaba oscuro afuera y solamente las luces de la sala estaban prendidas. Entonces como siempre, en mi sueño, escuchaba un ruido en el ático del piso superior. La puerta al pie de las escaleras abriría con un sonido crujiente. En mi sueño, como ese niño joven, estaba sentado en el sofá temblando del miedo que sentía al ver que la puerta abría en la sala. Era en ese momento del sueño que siempre me despertaba, temblando del miedo que sentía.

Por la primera vez en 18 años, al estar enfrentando principalmente mi enojo para con mis padres al igual que algunos asuntos de pesar y pérdida que pertenecían a una relación pasada en mi vida, mi sueño comenzó a seguir más allá del punto de estar sentado con miedo en el sofá. Ahí estaba, como un niño joven, solo, sentado en el sofá otra vez. Algo estaba golpeando y haciendo ruidos en el cuarto grande del ático. La puerta al pie de las escaleras chirriaba al abrir. Esta vez, me levanté del sofá y caminé nerviosamente hacia la puerta y la abrí. Entonces me desperté del sueño con un miedo abrumador y estaba temblando. En el siguiente sueño, en otra noche, alcancé el pie de las escaleras e intenté prender la luz, sólo para quedarme parado en la oscuridad. Me desperté con miedo, temblando otra vez.

En la próxima fase del sueño, alcancé subir las escaleras en la oscuridad e intenté prender la luz otra vez sin éxito. Me desperté con miedo y temblando. En el siguiente fase del sueño en otra noche, subí las escaleras y pasé al final del cuarto en el ático en plena oscuridad e intenté prender la luz sin tener éxito. Me desperté otra vez con un miedo abrumador y estaba temblando. Como un adulto, lo vi muy difícil el tener que enfrentar el sentimiento que tenía de niño pequeño desamparado. No podía hablar con mi sicóloga o mi esposa acerca de mis sueños. Tenía demasiado vergüenza. ¡Qué bien para el ego macho!

Al final, hacia el final de mi año de terapia individual en la Universidad de Rutgers, mi sueño progresó al punto culminante. Durante la última vez en que tuve el sueño, ya fui un hombre adulto sentado en el sofá en la casa de mis padres, estaba solo. Ya no era un niño joven con miedo. Escuché el ruido en el ático y comencé a resipirar profundamente con rabia. En serio, es probable que yo parecía una mujer en pleno parto respirando rápida y profundamente al experimentar las contracciones. Corrí a la puerta al pie de las escaleras, la abrí rápidamente, y ni me preocupé por prender la luz. Subí hasta lo alto de las escaleras, entré al ático oscuro, más furioso que nunca. Pasé al final del cuarto del ático oscuro. Estaba moviendo mis brazos frenéticamente en la oscuridad intentando de encontrar lo que estaba causando el ruido durante todos esos años en mis sueños. Cuando lo encontré en la oscuridad, lo iba a matar con cada onza de la rabia que mi cuerpo y alma podían juntar.

Al estar experimentando este sueño culminante, mi esposa se despertó debido a mis respiraciones profundas. Ella sabía que había algo mal porque generalmente yo soy una persona que duerme tranquilamente. Casi nunca ronco. Decidió despertarme de una pesadilla obvia. Me agarró la muñeca y comenzó a sacudirla para poder despertarme.

Mientras tanto, volviendo a mi sueño culminante. Había llegado al último lugar posible en el ático oscuro y lo que estaba intentando buscar, me agarró la muñeca. Es la Ley de Murphy que vas a encontrar lo que buscas en el último lugar en donde lo buscas. En mi sueño, agarré lo que me había agarrado, hice un puño con la otra mano y levanté el brazo como para darle a lo que me estaba atormentando el golpe más potente que podía dar. Ni el boxeador campeón de peso pesado iba a poder aguantar este golpe lleno de ira.

Mientras tanto, volviendo al mundo que se iba despertando, mi esposa comenzó a gritar mi nombre, "¡Matt, Matt!" Ella estaba preocupada con buena razón que yo le iba a pegar. Al estar durmiendo, le agarré la muñeca con mi mano izquierda, le había quitado la mano de mi muñeca y había levantado mi brazo derecho. Afortunadamente para Rochelle, el hecho de que ella gritaba mi nombre despertándome antes de que pegara a lo que estaba buscando en mi sueño – y a ella.

Inmediatamente experimenté una escena retrospectiva. Por un momento muy breve, vi algo como una película en la pantalla del cine. El lugar en el cuarto del ático, donde la cosa había agarrado a mi muñeca en la oscuridad, era el lugar exacto donde un adolescente varón mayor que me había maltratado sexualmente cuando yo tenía nueve años. Era como seis años mayor que yo. Lo admiré. Confié en él. Todo el dolor y rabia llegó a salir ahí mismo en mi cama. Mis memorias reprimidas fueron liberadas cuando yo estaba preparado emocional y sicológicamente para tratarlas. No necesitaba la hipnoterapia para lograr este resultado final.

En mi primera sesión de terapia, le conté a mi sicóloga acerca del sueño y su progreso a lo largo del año de mi terapia. Ella creyó que el hecho que estaba enfrentando al nivel consciente otros asuntos con respecto a mi familia disfuncional con los cuales me había criado, todo me ayudó a liberar y enfrentar los asuntos del maltratamiento sexual en mis sueños al nivel inconsciente. Por 18 años yo había metido el dolor y la rabia de la traición que había experimentado gracias a mi amigo adolescente mayor, a quien había admirado y en el cual había confiado.

Puedo testificar personalmente acerca del hecho de que mi falta de confianza furiosa hacia personas de autoridad casi disminuyó porque mis propios asuntos surgieron cuando yo estaba preparado emocional y sicolóciamente para tratarlos. Nunca hay que subestimar el poder de la mente, especialmente la mente inconsciente, y cómo impacta las decisiones hechas por un niño o adulto. Si sospechas que tu niño ha experimentado maltratamientos que quedan sin revelar, otra vez, favor de buscar la ayuda de un profesional de la salud mental con licencia. Insiste en que el terapista no intenta forzar el asunto antes de que tu hijo esté preparado para enfrentarlo. La mente de tu hijo le permitirá procesar sus asuntos cuando están preparados para hacerlo. En otras palabras, tal vez tengas que esperar hasta que tu hijo sea adulto.

Parte 2
Las Mecánicas del Sistema de FAMILIA

8 *El Sistema de FAMILIA*

ÉSTE ES EL CAPÍTULO más largo y más importante del libro. Sin embargo, antes de leerlo, la verdad es que necesitas leer y comprender los primeros siete capítulos. ¿Has leído ya los primeros siete capítulos? ¡Sí, tú! ¡Te escribo a tí! ¡Tú sabes quién eres! ¡Sí! La persona que le gusta saltar a capítulos posteriores en vez de tomar el tiempo de leer un libro en su orden apropiado. ¡Bueno, no eres nada especial! Lo básico de FAMILIA no va a tener sentido en absoluto si no lees primero los capítulos uno al siete. Así que deja de leer este capítulo y comienza desde el principio al igual a los demás. ¡Oye! ¡Te dije que dejaras de leer! Una comprensión completa de los apuntalamientos filosóficos de FAMILIA es esencial al hacer sentido completo y absoluto de los puntos básicos del sistema de FAMILIA. Bueno, nos vemos más adelante después de que te hayas iluminado un poco más. Yo sé. La vida es difícil cuando sufres del trastorno de no seguir las cosas en orden. ¡Vas a sobrevivir! ¡Te digo la verdad! Vuelve al capítulo uno en este instante! Nos vemos aquí en el capítulo ocho dentro de poco. ¡Adiós!

Para los que en verdad han leído los primeros siete capítulos, quiero explicar la meta principal de FAMILIA. La meta principal de FAMILIA no es de crear padres de familia y niños perfectos. Sino que la meta principal de FAMILIA es de mejorar la communicación en la casa mediante la clarificación de las reglas, consecuencias y los premios. Este proceso conducirá a menos tensión y conflicto entre los miembros de la familia y al final conducir a comportamientos que sean más cumplidos y más respetuosos de todos hacia todos.

Es mi opinión más humilde que todas las familias en los Estados Unidos deben recibir un mandato federal para implementar FAMILIA en sus casas. La mayoría de los problemas en nuestra sociedad provienen de la casa y la falta de disciplina organizada y estructurada que los padres están proporcionando para sus niños. No importa cómo los niños rebelen y protesten, niños y adolescentes quieren que sus padres proporcionen estructura y guía. Quieren saber que sus padres están comprometidos a mantenerlos seguros y en el camino correcto de la vida.

Aunque los niños tengan su libre albedrío y puedan entonces tomar decisiones que no sean saludables, el darles la estructura organizada y comunicación clara ayudará a reducir de una forma significativa la posibilidad de que tomen decisiones inapropiadas. Ésta es la meta principal de FAMILIA: de ayudar a las familias mediante mejores comunicaciones, el aprender a tomar decisiones apropiadas y tomar la responsabilidad por sus acciones. Si te equivocas al implementar FAMILIA in tu casa, tienes que admitirlo, subirte al caballo otra vez y seguir adelante. No dejes de trabajar con el sistema sólo por la falta de ser consistente. Debes trabajar para ser más consistente. ¡FAMILIA funciona si trabajas con el sistema! (Favor de ver el Apéndice B para los testimonios de FAMILIA).

Antes de implementar el sistema de FAMILIA en tu casa, vas a necesitar los siguientes materiales:

1. Papel y un bolígrafo o una computadora y una impresora. Vas a estar escribiendo tus expectativas como padre de familia en papel. Una ayuda: Estamos en la época de las computadoras y el usar una computadora hace que el hacer una lista sea más fácil para agregar cosas a la lista, quitar cosas de la lista o modificar la lista de las reglas de la familia.

2. Un mínimo de 55 tarjetas (las de 3 x 5) que se usarán para las tarjetas de Buenos Hábitos, Tarjetas de Azar, y Tarjetas de Perdón.

3. Una buena cantidad de fichas de póker o algo similar de muchos colores que se usarán como las fichas de FAMILIA y para las fichas de AOB.

4. Un compromiso muy serio a la implementación correcta y consistente ("las dos palabras que comienzan con ´C´"). Para ser aún más claro, "correcto" significa el implementar el sistema en la

forma en la que lo enseño en este libro – sin desviaciones. Favor de recordar, he enseñado este sistema a varios miles de familias. He enseñado FAMILIA a profesionales de la salud mental con licencia. Ellos me han dado montones de comentarios en retroalimientación. Ya hemos pasado por la experiencia, lo hemos hecho y hemos comprado la camiseta. Lo que estás leyendo es lo que ha sido comprobado. Así que no intentes crear una forma híbrida de FAMILIA. Puedes pensar que tu familia es diferente y única, pero no lo es. Todos somos muy similares, tal vez más similares que uno quisiera admitir. Los problemas con FAMILIA ya han sido trabajado. "Consistente" significa mantener tu papel como padre de familia en el orden de prioridad apropiado y "seguir adelante." Esto significa el implementar FAMILIA a pesar de tus niveles de energía y sentido de humor que están cambiando constantemente. Finalmente, debes seguir implementando FAMILIA en una forma consistente en tu casa especialmente cuando todos se están portando muy bien. No te olvides. Hay que tomar FAMILIA hasta que se acabe – hasta que tu último hijo haya cumplido los dieciocho años, se ha graduado de la escuela preparatoria y se ha salido de la casa. Depués de todo esto, puedes regresar a ser una persona sin estructura y que le falta organización si quieres.

Favor de recordar, "Cada familia necesita una FAMILIA." Ahora, sin decir más, ¡es un placer mío presentarte FAMILIA!

Fijar una Lista de Reglas de la Familia

1. No hay nada que entre en la lista de las reglas de la familia a menos que ambos padres estén de acuerdo (por ejemplo, ambos padres tienen el poder de ponerle veto a algo). Yo recomiendo que se cooperen y que no tengan una lucha de poderes. Si no pueden trabajar juntos en algo tan simple como este sistema, entonces necesitan recibir asesoría para los matrimonios antes de implementar FAMILIA. Si eres un padre o madre soltero/a, puedes tratar de consultar con tu ex-esposo/a para poder implementar FAMILIA en ambas casas. Si tu esposo/a ha fallecido, ya no se comunica con la familia o no le gusta cooperar, entonces busca la ayuda de un/a amigo/a adulto/a.

2. La lista de reglas son para gobernar los comportamientos de todos los miembros de la familia en la casa, la escuela, el trabajo, las tiendas, la iglesia, la sinagoga, 30,000 mil pies sobre la tierra en

un avión, 2,000 pies abajo del mar en un submarino y en todos los demás lugares en el mundo.

3. Las reglas son del tipo "Haz lo que decimos y lo que hacemos." Se espera que los padres de familia practican lo que predican. Si no quieres que tus niños usen malas palabras, no uses malas palabras. Si quieres que tus niños atienden su cama cama cada mañana, entonces tú debes atender tu cama cada mañana. Las únicas expectativas son los asuntos de una edad legal (por ejemplo, el manejar, el fumar, las películas en el cine, un toque de queda, etc.) y la madurez (por ejemplo, la hora de acostarse, el tiempo que uno pasa en el teléfono, etc.). Una nota: el Dr. J recomienda que los padres de familia no tomen alcohol ni fumen.

4. Los padres de familia pueden preguntarle(s) a su(s) hijo(s) con respecto a lo que quieren poner en la lista pero los padres de familia siempre tienen la última palabra (recuerda que la Autoridad fluye desde arriba hacia abajo). Recuerda, tú eres un/a dictador/a benévolo/a. Si tu(s) hijo(s) piensa(n) que ellos controlan la familia, van a entrar en una lucha de poderes en un intento de mantener su control percebido. En la mayoría de los casos, es mejor no consultar con tus hijos, especialmente si siempre están en tu contra. Dios no consultó con la humanidad antes de darnos los 10 mandamientos. Sino que Dios nos dio los 10 mandamientos – no las 10 sugerencias.

5. Se puede agregar, quitar o modificar la lista en cualquier momento siempre y cuando los padres de familia hablen entre ellos primero y los dos están de acuerdo. Recuerda que este documento es algo flexible, que vive y respira. Nunca está escrito en piedra – FAMILIA no es rígido. FAMILIA puede cambiar según las necesidades del momento y los cambios de desarrollo en tus hijos.

6. Si la regla no se encuentra en la lista, entonces no es una regla y tu(s) hijo(s) no la rompió (rompieron). No sería justo que el Policía del Estado te arrestara sólo porque no le gustaban los lentes que llevabas o por el color de tu pelo. No hay ninguna ley del estado que nos diga qué tipo de lentes podemos usar, ni hay una ley del estado que nos diga qué color de pelo podemos tener o no. Entonces, debes pensar bien las reglas que quieres poner en la lista de la familia y si estás preparado para imponer la obediencia en una forma correcta y consistente o no. (Favor de ver el Apéndice C para una muestra de las reglas de familia que se usan con más frecuencia).

7. No puedes crear una regla nueva y castigar a tu(s) hijo(s) por haberlo hecho antes de que fuera una regla. Tu(s) hijo(s) tienen que recibir la información primero en encuanto a las adiciones o modificaciones a la lista de las reglas de la casa antes de ser responsables por complir con la(s) regla(s).

8. Como promedio, la mayoría de los padres de familia fijan aproximadamente 35 reglas. He visto tan solo 5 reglas y una cantidad tan grande como 50. Favor de ponerle un número a cada regla de la familia para poder hacer una referencia fácil en el futuro. Los profesionales que recomiendan un número limitado de reglas en una casa son de otro planeta y obviamente nunca han tenido que ser padre de familia en su casa. En el mundo real, todos vivimos según más de 10 reglas en total y todos nos arreglamos sin sentir abrumados o sin quebrar nuestra autoestima.

9. No te voy a indicar las reglas que debes seguir para criar a tus hijos. FAMILIA es una estructura de organización y tú tienes la oportunidad de ponerle la carne y piel en una forma que refleje tus valores y morales. Todos los padres de familia tienen que pensar bien en cuanto a los valores y los morales que quieren enseñarles a sus niños. Cada casa es diferente; sin embargo, es común que los padres de familia busquen retroalimentación de otros padres o profesionales para ver si lo que están haciendo es poco severo o demasiado rígido con su lista de reglas de la familia. Estoy disponible en drj@family-rules.com (Favor de ver el Apéndice C o consulte con un amigo que sea adulto cuyos habilidades como padre de familia respetas). También puedes revisar mi página de Internet, para ver si hay un "Consejero de Reglas de FAMILIA" en tu comunidad (www.family-rules.com). Al final de todo, tienes que tomar la decisión final en cuanto a las reglas que necesitas para poder criar a tus niños.

Fijar una Lista de Reglas de la Familia

Agregar Tarjetas de Buenos Hábitos

1. Tome 35 de las tarjetas 3 x 5 y escribe varios "buenos hábitos" que toman media hora – más o menos – para terminar. Puedes variar unos 10 minutos o más (por ejemplo, son hábitos como barrer y limpiar el piso de la cocina, limpiar el baño, limpiar la parte interior del coche de mamá, preparar un pastel, escribirle

una carta a la abuela, 50 abdominales/50 flecciones, leer un libro a tu hermanito/a, etc.). Puedes inventar pilas separadas de tarjetas para los niños mayores y menores. (Favor de ver el Apéndice D).

2. Las tarjetas de buenos hábitos deben ser quehaceres más allá de los quehaceres normales que tiene(n) tu(s) hijo(s) todos los días o cada semana (por ejemplo, los quehaceres típicos no van incluídos en las tarjetas de buenos hábitos).

3. Puede ser que quieras designar algunas tarjetas como tarjetas de la temporada (como por ejemplo, cinco tarjetas amarrillas para los quehaceres que se hacen fuera de la casa en el verano y 5 tarjetas azules para los quehaceres que se hacen fuera de la casa en el invierno), o puedes dividir una tarjeta con un diagonal y escribir "limpiar la nieve de la entrada del garaje en el invierno/ barrer la entrada del garaje en el verano."

4. Toma cinco tarjetas de 3x5 y escribe "Tarjetas de Azar" en ellas. Esto significa que tu(s) hijo(s) tiene(n) que hacer lo que tú digas por aproximadamente 30 minutos. También, cuando tú sacas una de las "Tarjetas de Azar," tienes que hacer lo que tus hijos quieren que hagas por aproximadamente 30 minutos. Todo esto enseña a todos los miembros de la familia el principio de "las acciones nos vuelven a visitar" o "trata a otros como quieres que te traten." En otras palabras, los miembros de mi familia escogen deberes interesantes interactivos como jugando a la pelota o jugando juegos de familia o dar un paseo en bicicleta. Ahora tienes un total de 50 tarjetas de buenos hábitos.

5. Toma unas cinco tarjetas más y escribe la palabra "Perdón" en ellas. Si tu hijo saca esta tarjeta, quedan perdonados por el momento. Reciben "perdón asombroso, qué dulce el sonido que salvó una persona como" ellos. Ahora tienes un total de 55 tarjetas.

6. Asigna valores a las tarjetas de buenos hábitos entre paréntesis en la margen izquierda de la página al lado de la lista enumerada de las reglas de familia (Favor de ver el Apéndice C). Comienza con números bajos y luego aumenta la cantidad (por ejemplo, 1-3 tarjetas); sin embargo, comienza con un número alto de tarjetas de Buenos Hábitos para las reglas más importantes. La mayoría de los padres de familia ponen tarjetas de 50 al lado de "Obedecer todas las leyes, locales, estatales, federales y del servicio militar."

Fijar una Lista de Reglas de la Familia

Agregar Tarjetas de Buenos Hábitos

Mezclar la Responsabilidad mediante los Quehaceres Domésticos

1. Desarrolla una lista de quehaceres domésticos diarios. Los quehaceres domésticos diarios deben tener una hora fija para una inspección (por ejemplo, darle de comer y beber al perro antes de la cena; lavar los dientes antes de salir para la escuela y antes de acostarse; etc.). (Favor de ver el Apéndice E).

2. Desarrolla una lista de quehaceres domésticos que se hacen cada semana. Los quehaceres semanales también deben tener un día y una hora fija para tener una inspección (por ejemplo, limpiar el cuarto y pasar la aspiradora para el sábado a las 12 del mediodía). Una nota: No fijes la hora de la inspección para una hora cuando no vas a estar para hacerla. Si no llegas a la casa hasta las 5:30 de la tarde, no fijes la cita para la inspección para las 4:30. Sería mejor fijarla para las 6 de la tarde.

3. Padres de familia, ya no hay que fastidiarle(s) a su(s) hijo(s) para que hagan los quehaceres. Sólo tienes que revisar todo en la hora de la inspección y dar tu veredicto. Si tu hijo no terminó el(los) quehacer(es) para la hora designada, van a recibir una tarjeta de buenos hábitos para cada deber que no terminaron y tienen que terminar el(los) quehacer(es) inmediatamente.

4. Padres de familia, no se olviden de preparar su propia lista de quehaceres diarios y semanales. ¡Sí! Yo sé que ya tienes mucho que hacer en la casa. El escribir lo que haces en la casa todos los días y cada semana les permite a tus hijos ver todo lo que haces. No debes de suponer que ellos se den cuenta en una forma completa de todo lo que haces. También, esposas, FAMILIA les da la oportunidad de crear una lista de "Quehaceres para tu Marido" para todos los días y para cada semana. Te va a agradecer. ¡Comparte tu trabajo y no seas una mártir doméstica! Tampoco quiero escuchar, "nadie lo hace mejor que yo." Si tus hijos no son limpios, enséñales cómo hacerlo correctamente. De otra forma, vas a permitir que sigan siendo sucios.

Como "F" y "A" y "M" Funcionan Juntos

1. Cuando se implementa FAMILIA oficialmente, los padres ya no van a estar encargados de si sus hijos van a tener restricciones o no. Tampoco estarán encargados de la cantidad de tiempo que los niños van a tener dichas restricciones. En su lugar, sus hijos estarán encargados de si van a tener restricciones o no y por cuanto tiempo van a tener estas restricciones. Van a aprender a tomar responsabilidad por sus acciones.

2. Si los niños rompen una regla o no terminan sus quehaceres domésticos diarios y semanales, están optando por ponerse sus propias restricciones. Padres nunca les piden a los niños a que rompen las reglas – los niños deciden romperlas.

3. Cuando los niños optan por romper una regla, van a tener que sacar el número designado de las tarjetas de buenos hábitos sin mirar a lo que están sacando. La cantidad de tarjetas de buenos hábitos ya habrá sido designado por los padres de familia que fueron puestos en paréntesis al lado de cada regla en la lista de las reglas de la familia. Mientras más significativa sea la regla, más tarjetas de buenos hábitos reciban por romperla (Favor de ver el Apéndice C).

4. El(Los) niño(s) tienen que aceptar sus tarjetas de buenos hábitos cortésmente o serán duplicadas cada vez que no son apropiados, así que 2 tarjetas llegan a ser 4; 4 se duplican para ser 8; 8 tarjetas llegan a 16; 16 tarjetas se duplican a 32 tarjetas; y 32 tarjetas llegan al máximo de 50. Los chicos sienten como que están en un hueco del cual no pueden salir si reciben más de 50 tarjetas. Dale a tu hijo un "período de diez minutos para enfriarse" después de haber duplicado la cantidad de tarjetas por haber sido descortés. Esto les dará la oportunidad tanto para ti como para tu hijo para tranquilizarse y posiblemente ayudar a disminuir la situación. Si ves que vas perdiendo control de tu ira, cálmate primero y luego da la disciplina. Vas a ser mucho más eficaz a largo plazo.

5. Después de que un hijo haya sacado una(s) tarjeta(s), él o ella tiene dos opciones:
   A. Terminar la(s) tarjeta(s) de buenos hábitos inmediatamente, o
   B. Ir a su cuarto y terminar la(s) tarjeta(s) de buenos

hábitos más tarde. Con esta opción, el niño opta por extender el tiempo de la restricción. La decisión queda en las manos del hijo y no de los padres de familia.

6. Después de que un niño termine las instrucciones en las tarjetas, es requisito que él o ella reciba una inspección de su(s) padre(s) de familia para ver si todo se hizo bien. Si no lo hizo bien, errores serán señalados en una forma cortés y se le pide al niño volver a terminarlo. Los padres de familia pueden mostrarle a un niño pequeño lo que es que uno espera de ellos con el quehacer. Una vez que se haya establecido que la tarjeta de buenos hábitos se ha cumplido en una forma correcta, se le devuelve a la pila de las otras tarjetas sin mencionar nada al respecto. Después de que un niño "haya terminado el tiempo debido al crimen," padres deben echar los pecados del niño "lo más lejos que sea posible para ya no recordarlos." Sin embargo, si el quehacer se inspecciona por una segunda vez y es obvio que ningún esfuerzo se metió en terminar el quehacer correctamente, aún después de dar instrucciones específicas, entonces el niño selecciona otra tarjeta de buenos hábitos. Haz que él o ella pueda terminar el quehacer actual antes de seguir con el próximo.

7. Si el niño opta por ir a su cuarto, él o ella puede hacer solamente cuatro cosas en el cuarto:
   C. Pueden acostarse en la cama (esto incluye el tomar una siesta)
   D. Hacer su tarea
   E. Participar en lectura aprobada
   F. Limpiar el cuarto

El niño no puede hacer otras cosas. No hay televisión, ni estéreo, ni computadora, ni teléfono, ni juguetes, ni rompecabezas, nada más que las actividades mencionadas anteriormente (que generalmente se percibe como el aburrimiento absoluto completo). ¡Qué malo! Si el niño no coopera, ve cómo debes responder bajo la "IA" en la página 111.

8. Si el niño opta por ir a su cuarto, sólo hay siete razones por las que se puede salir del cuarto:
   G. Para ir al baño por un momento breve
   H. Para comer con la familia
   I. Para ir a la escuela o participar en una actividad de la escuela (obra de teatro, la banda, deportes, etc.)

J. Para ir a trabajar si tiene un trabajo de turno
K. Para ir a la iglesia/sinagoga (solamente los servicios de alabanza y la escuela dominical)
L. Para ir a una reunión de 12-pasos
M. Para terminar una(s) de la(s) tarjetas de buenos hábitos si la hora de irse a la cama no ha pasado. Si ya pasó la hora de irse a la cama, entonces puedes dejar que termine la(s) tarjeta(s) para el día siguiente.

Nota: La mayoría de los niños que optan por irse a su cuarto, sólo se quedan por unos 10 a 30 minutos. Sólo quieren un poco de espacio y tiempo para calmarse. Déjalos en paz a menos que estén destruyendo su cuarto. Si están destruyendo su cuarto, hazles recordar de los "strikes" y "tiros altos."

9. Si los padres rompen una regla, van a tener que recibir una(s) tarjeta(s) de buenos hábitos inmediatamente. La mejor técnica de ser padre de familia en el planeta es ser un buen ejemplo consistente (por ejemplo, el de practicar lo que predicas). Lo de "haz lo que decimos y no lo que hacemos" es inaceptable. Todos cometemos errores de vez en cuando; sin embargo, el hecho de practicar la hipocresía es un error principal de ser padre de familia. Si cometes un error, admítelo, haz las tarjetas que te toquen y sigue adelante.

10. Si en algún momento un padre de familia niega hacer lo que indica su(s) tarjeta(s), los niños tienen el derecho de hablar del asunto con el otro padre de familia u otro adulto mediador que sea aceptable mutualmente. Los padres o adultos van a tener una charla privada. Si el padre de familia que se cayó sale del cuarto con el espíritu de arrepentimiento y cumple con la(s) tarjeta(s), entonces se considera que el asunto sea resuelta; sin embargo, si el padre de familia no se ve arrepentido, entonces la regla que se rompió se suspende temporalmente hasta que el padre de familia que cometió el error haya completado su(s) tarjeta(s). Por ejemplo, si el padre de familia usó una palabrota y niega hacer una tarjeta de buenos hábitos, aún después de haber hablado con el otro padre de familia o el adulto mediador, entonces la regla contra "palabrotas" se suspende temporalmente y los niños pueden decir palabrotas hasta que el padre de familia termine su(s) tarjeta(s). En otras palabras, practica lo que predicas. ¡No seas hipócrita!

Todos somos hipócritas. Nadie es perfecto. Todos rompemos las reglas de vez en cuando y/o a veces no seguimos nuestros morales espirituales/personales, valores y éticas. Por suerte, esto no sucede con mucha frecuencia. FAMILIA no espera que los padres sean perfectos; sin embargo, FAMILIA sí espera que los padres tratan de ser el mejor ejemplo posible para sus hijos. Necesitamos intentar mejorar nuestro carácter y nuestra conducta en una forma diaria. Si te equivocas, admítelo y completa tus tarjetas inmediatamente, y sigue adelante. Es una cosa cometer errores o de romper las reglas sin querer de vez en cuando. Sin embargo, Es otra cosa romper las reglas de forma intencional en una forma continua sin sentir remordimiento o arrepentimiento. El practicar la hipocresía a sabiendas y con intención no es aceptable y es un fracaso como padre de familia. De hecho, ¡es reprehensible y acusable! Ve a la cama todas las noches sabiendo que fuiste mejor padre de familia que el día anterior. Siempre hay que tratar de ser mejor. Intenta llegar a la excelencia aún si cometas errores a lo largo del viaje de ser padre de familia. No te quedes en la mediocridad. Tus hijos te están viendo. El mono ve, el mono hace. La bellota nunca cae lejos del árbol. Son iguales a los padres.

Fijar una Lista de Reglas de la Familia

Agregar Tarjetas de Buenos Hábitos

Mezclar la Responsabilidad mediante los Quehaceres Domésticos

Iniciar una Lista de Premios

1. Siéntate con tu(s) hijo(s) para formar una lista de premios que cumplen con tus deseos y que caben dentro de tu realidad financiera. He visto una variedad de premios ofrecidos por padres de familia: el salir para un helado, el alquilar un video, el tener una fiesta, el ir al cine con un amigo (con palomitas y refresco incluído), zapatos nuevos, nuevos Discos Compactos, ropa, excursiones para salir a pescar, conciertos, el ir de compras y mucho más. Favor de poner números en la lista de premios para poder hacer referencias fáciles en el futuro. (Favor de ver el Apéndice F).

2. Una vez que se haya formado la lista de los premios con los números asignados, asigna un valor de fichas de FAMILIA para cada premio. Regla en general: Mientras más grande sea el premio, más fichas le(s) va a costar a tu(s) hijo(s). (Favor de ver el apéndice F).

3. La mayoría de los padres de familia fijan un valor de $1.00 por cada ficha de FAMILIA. A veces, los padres van a optar por disminuir la cantidad de fichas de FAMILIA que se requiere para obtener un premio mejor o más grande para darle(s) un incentivo adicional a su(s) hijo(s) para que obtenga(n) el premio deseado (por ejemplo, un par de zapatos de marca que cuestan $100.00 serán ofrecidos por 75 fichas en vez de 100).

4. Tus hijos ganan fichas de FAMILIA en las siguientes formas: cada noche, a la hora de irse a la cama, recuerdas de forma rápida y consistente las acciones del día para determinar la conducta de tu(s) hijo(s). Si no rompieron ni una regla y terminaron todos sus quehaceres, entonces reciben una ficha de FAMILIA. Si rompieron una regla y/o no terminaron sus quehaceres, entonces no reciben una ficha de FAMILIA. Lo siento mucho que los padres de familia no reciben fichas. La paz y el silencio mediante la comunicación mejorada y el aumento en el cumplimiento con las reglas de tu casa representan el mejor premio para la mayoría de los padres.

5. Cada hijo tiene su propio color de fichas (fichas de póker, por ejemplo) para evitar que se las roben. Sí, es verdad que tus hijos van a robar fichas el uno del otro, así que haz los planes apropiados para evitar que esto ocurra.

6. Si tus hijos reciben las 7 fichas de FAMILIA de la semana (domingo a sábado), van a recibir un bonus de tres fichas de FAMILIA. Por lo tanto, recibirán un total de 10 fichas de FAMILIA en una semana perfecta. Usa un calendario para ayudarte a mantener un registro de todo esto.

7. Si tus hijos reciben las fichas de FAMILIA del primer día del mes hasta el último día del mes, no sólo van a recibir 10 fichas de FAMILIA por 4 semanas (para un total de 40 fichas de FAMILIA), sino que también van a recibir un bonus de 10 fichas por un mes perfecto (para un total de 50 fichas de FAMILIA por el mes entero). No se te olvide usar un calendario.

Una Nota Adicional Con Respecto al Dinero de Bolsillo para los Niños

Algunos sicólogos de niños creen que los niños deben recibir una cantidad de dinero de bolsillo sin importar su comportamiento bueno o malo (el dinero de bolsillo que reciben no debe estar vinculado con su comportamiento). En su lugar, el dinero de bolsillo debe ser una herramienta de enseñanza para ayudarles a los chicos a aprender cómo manejar su dinero. La mayoría de los padres de familia fijan una cantidad por semana e indican que deben ahorrar un 20%, deben dar un 10% a una obra de caridad, iglesia o sinagoga (para enseñarles que deben dar algo a la comunidad), y hacer lo que quieran con el 70% que queda. La cantidad que decides dar a tus hijos cada semana para su dinero de bolsillo depende de tu realidad financiera. Si intentas vincular el dinero de bolsillo con su comportamiento, entonces esto interfiere con tu habilidad de enseñarles cómo pueden manejar su dinero en una forma apropiada. Su conducta será tratado específicamente através de las tarjetas de buenos hábitos y las fichas. No te olvides de implementar FAMILIA de una forma correcta y consistente en tu casa (recuerdas las dos palabras que comienzan con "C").

Fijar una Lista de Reglas de la Familia

Agregar Tarjetas de Buenos Hábitos

Mezclar la Responsabilidad mediante los Quehaceres Domésticos

Iniciar una Lista de Premios

Le(s) Tienes que Amar y Animar a Tu(s) Hijo(s)

1. Nunca puedes decir demás el hecho de que le(s) quieres a tu(s) hijo(s). Debes felicitarle(s) y darle(s) elogios todos los días. Dale(s) abrazos y besos. Dile(s) que se ven guapos o bonitas. Hazle(s) saber que lo(s) amas sin condiciones. Jáctate de ellos con tus amigos. No te preocupes que a los chicos les moleste. A fondo, van a apreciar la atención positiva mucho. ¡Es verdad! ¡De veras!

2. Si ves que tu(s) hijo(s) están involucrados en un Acto Oportuno de Bondad, dale(s) una ficha de AOB. Esta ficha

de AOB obviamente tiene que ser de un color diferente a todas las otras fichas de FAMILIA. Tres fichas de AOB son iguales a una ficha regular de FAMILIA. Así todavía hay un incentivo para que tu(s) hijo(s) se porten bien durante el transcurso del día, aún si han roto una regla y/o no terminaron su(s) quehacer(es). Pueden cambiar fichas de AOB por fichas de FAMILIA y todavía pueden tener la oportunidad de tener una semana perfecta y/o un mes perfecto (funciona como los puntos extras).

3. Aunque haya una oportunidad para que tu(s) hijo(s) gane(n) premios, esto no debe de parar la práctica de mimarle(s) de vez en cuando sólo para divertirte un poco. Todavía pueden salir a comer o puedes comprarle(s) un regalo sólo por el hecho de que son especiales y se están portando bien.

4. Dale(s) a tu(s) hijo(s) la oportunidad de contarte cómo se siente(n) y lo que piensa(n) en cuanto a lo que sucede en la casa. Tiene(n) que ser respetuoso(s). Pasa tiempo individual con ellos. Trato de llevarles a mis hijos a comer el desayuno de vez en cuando. Esta actividad les da la oportunidad de hablar de lo que quieren con su papá.

5. Fija una reunión de la familia cada semana. Pon un diario de la familia en un lugar céntrico para que todos en la familia tengan la oportunidad de escribir lo que quieren tratar en la próxima reunión de la familia. Si el asunto no está escrito en el diario por lo menos una hora antes de la reunión, entonces no será tratado. Tendrá que esperar hasta la próxima semana. Todos tienen que saber de lo que se va a tratar la reunión, no pueden haber sorpresas. Primero hay que tratar los asuntos anteriores y luego los asuntos nuevos. Deben hablar de cosas positivas. No es una sesión de quejas. La duración de la reunión puede variar.

Fijar una Lista de Reglas de la Familia

Agregar Tarjetas de Buenos Hábitos

Mezclar la Responsabilidad mediante los Quehaceres Domésticos

Iniciar una Lista de Premios

Le(s) Tienes que Amar y Animar a Tu(s) Hijo(s)

Insistir en que Tu(s) Hijo(s)

Asista(n) a un Programa Residencial de Tratamiento si es Necesario

1. Reglas sin dientes ni valen el papel en el que están escritas. Tiene que haber consecuencias inmediatas y consistentes para el comportamiento inapropiado. De otra forma, tus hijos van a gobernar la casa y el caos será el rey ("Él que no incorpora la disciplina odia a su niño").

2. Si tus hijos llegan al punto donde desafían tu autoridad por completo y con ganas, habrán recibido su "primer-strike" y serán automáticamente restringidos a su cuarto por lo que queda de la semana. No van a poder participar en actividades del fin de semana o en actividades extracurriculares de la escuela. Tampoco se les permitirá trabajar en su trabajo de turno. Si esto resulta en que ya no formen parte del equipo por no haber llegado a sesiones de práctica o a partidos o que sean despedidos del trabajo por no llegar al trabajo, ¡mala suerte para ellos! No deberían de haber desafiado tu autoridad. Es el precio que pagan por la desobediencia obvia. Depués de haber terminado la semana de restricción al cuarto, van a tener que hacer las 50 tarjetas de buenos hábitos.

3. Si tus hijos llegan al punto cuando desafían por completo y con ganas tu autoridad por segunda vez, habrán cometido el "segundo strike" y serán restringidos automáticamente a su cuarto por dos semanas. Después de haber terminado las dos semanas de restricción al cuarto, van a tener que hacer las 50 tarjetas de buenos hábitos.

4. Si tus hijos llegan al punto cuando desafían por completo y con ganas tu autoridad por tercera vez, habrán cometido el "tercer strike" y será el momento de sacar los armamentos nucleares: tratamiento residencial a largo plazo. Si tienes un hijo que se halla fuera de control, el tratamiento residencial a largo plazo es tu mejor opción para ayudar a modificar su comportamiento. (Favor de ver el Apéndice G). No te olvides de hacer una búsqueda en Internet, ver revistas para familias o de consultar tu iglesia o sinagoga.

5. Hay una diferencia entre un "strike" y un "día malo." Un "strike"

es un desafío completo y con ganas contra tu autoridad. Puedes notar un desafío en los ojos o en el lenguaje del cuerpo de tu(s) hijo(s). Más importante, puedes notar el desafío completo y con ganas de tu autoridad en las acciones de tu(s) hijo(s) (por ejemplo, el dejar de asistir a la escuela, el seguir tomando alcohol y drogas, el estar involucrado en actividades criminales, el no participar en la terapia existente, en tener relaciones sexuales, etc.). Un "día malo" significa algún nivel de desafío y voluntad, pero tu(s) hijo(s) al final se somete(n) a tu autoridad, recibe sus tarjetas y las hace. En ninguna forma has de darle un "strike" a tu(s) hijo(s) por tener un "día malo." Consulte con otra persona objetiva antes de darle(s) un "strike."

6. Además de los "strikes," hay algo que se llama un "tiro alto." Si tu(s) hijo(s) recibe(n) un "tiro alto," el hijo automáticamente va a un tratamiento residencial a largo plazo. Ni te preocupes por darle(s) los "strikes" cuando tu(s) hijo(s) recibe(n) un "tiro alto." Un "tiro alto" constiste de comportamiento que es más allá del desafío de la autoridad. El salir de la casa sin volver por varios días o varias semanas, actividades mayores del uso de alcohol o drogas, un asalto, destrucción principal de propiedad y actividades criminales se consideran como conducta que resultan en un "tiro alto."

7. El enviarle(s) a tu(s) hijo(s) a un programa de tratamiento residencial a largo plazo no significa que ni tú ni FAMILIA ha(s) fallado. Ésta es una opción dentro de la estructura de FAMILIA para tratar eficazmente los niños que se hallan fuera de control. Si tu hijo tuviera un problema de corazón y los médicos en tu comunidad local no podrían tratarlo, no esperarías en enviarle a tu hijo a otra institución médica en otra comunidad. De la misma manera, con los problemas con la conducta, si tu hijo ha fallado en la terapia en tu comunidad y no lo puedes controlar en la casa, la escuela y en tu comunidad, entonces es hora de enviarle a un lugar apropiado de tratamiento. Esto representa ser un padre sabio sin importar los sentimientos de culpa que podrías tener.

   Favor de recordar, tu hijo tiene el libre albedrío y toma sus propias decisiones. El enviarle a tu hijo a vivir con un/a esposo/a divorciado/a o a vivir con un pariente que vive en otra parte es otra opción; sin embargo, la nueva casa no presenta un escenario de tratamiento con modificaciones en el comportamiento. En la mayoría de los casos, la conducta de tu hijo se pone peor cuando se va a vivir con un/a esposo/a divorciado/a o algún pariente;

sin embargo, si no puedes o niegas pagar el costo del tratamiento residencial, entonces deja que tu hijo terrorice a tu ex-esposo/a por un tiempo. Tal vez él o ella estaría dispuesto de ayudarte a pagar los gastos de un tratamiento residencial a largo plazo. Si haces una buena búsqueda en Internet o investigas con tu iglesia o sinagoga local, dentro de poco, vas a encontrar un lugar económico. Revisa los anuncios en revistas de familias (Sunset, Better Homes and Gardens, Focus on the Family, etc.). No te des por vencido en la casa. ¡Haz algo al respecto!

8. A fin de cuentas, lo que estamos intentando es que tus hijos aprendan a obedecer la autoridad. La pregunta es, ¿dónde quieren ellos aprender a obedecer? ¿Quieren aprender en la casa o quieren aprender a obedecer a unas cientas o miles de millas de la casa en un lugar de tratamiento residencial a largo plazo? La mayoría de los niños deciden aprender a obedecer la autoridad en la casa. Algunos niños necesitan decirles adiós a los padres para aprender a obedecer la autoridad. Al final de todo, la decisión para salir de o quedarse en casa para aprender a obedecer tu autoridad en la casa es de tu hijo.

9. Por último, el dinero que gastas para enviarle a tu hijo a un lugar de tratamiento residencial a largo plazo es dinero bien invertido. Las posibilidades son buenas a que él o ella regrese a casa como una persona cambiada con la habilidad aprendida de tomar decisiones positivas para si mismos. Espera un minuto, fíjate más allá del hecho de que estás invirtiendo dinero en el futuro de tu hijo. En realidad, si le estás ayudando a tu hijo a ser mejor como ser humano, después de todo, estás invirtiendo dinero en el futuro de tus nietos también. ¿Te imaginas qué tipo de padre de familia tu hijo que se halla fuera de control será algún día si no tratas su comportamiento destructivo ahora? Invierte algo en la vida de tu hijo y en las vidas de tus descendientes. Es tu responsabilidad como padre de familia y yo sé que es algo asombroso. Ve a la tumba sabiendo que hiciste absolutamente todo lo posible para la vida de tu hijo y tus descendientes. No puedes llevar tu dinero contigo cuando te mueras. Invierte tu tiempo y dinero en una forma sabia en las cosas que en verdad valen la pena – tu familia. ¡Conozca a tu Creador con una consciencia limpia. ¡Descansa en paz!

9 La Implementación de FAMILIA en tu Casa

LA MANERA EN LA QUE PRESENTAS FAMILIA a tus hijos y adolescentes es muy importante. La forma ideal de explicar FAMILIA a tus hijos es con la ayuda de un terapista que está bien involucrada en la capacitación de FAMILIA (un "Consejero de Reglas de FAMILIA"). El "Consejero de Reglas de FAMILIA" podría ofrecer objetividad al proceso de la implementación. Este consejero también puede ser el "hombre malo o la mujer mala" si fuera necesario para relevarte un poco. Él o ella podría estar disponible para seguir vigilando la implementación "correcta" y "consistente" de FAMILIA en tu casa si fuera necesario (recuerdas "las dos palabras que comienzan con ´C´"). Para ver si hay un "Consejero de Reglas de FAMILIA" en tu comunidad, favor de visitar mi página de Internet: www.family-rules.com. Todos los "Consejeros de Reglas de FAMILIA" se encuentran en mi página de Internet y ellos tienen un certificado en sus oficinas para verificar su capacitación (Favor de ver el Apéndice A).

Si no tienes un "Consejero de Reglas de FAMILIA" en tu área, puedes decirle a tu terapista local a que se ponga en contacto con mi oficina para hacer los arreglos necesarios para llegar a ser un "Consejero de Reglas de FAMILIA." Diles que me llamen al: 1-541-956-8585. También pueden aprender más sobre el llegar a ser un "Consejero de Reglas de FAMILIA" al visitar mi página de Internet: www.family-rules.com. Recuerda que tu terapista tiene que comprender y estar sumergido completamente en el sistema de FAMILIA o las posibilidades aumentan drásticamente que él o ella puede sublevar tu autoridad como padre de familia y hacer que tu hijo se vuelva en un monstro. El modelo democrático de ser padre de familia les da poder equivocado a los niños y te quita la autoridad como padre de familia.

La segunda forma de implentar FAMILIA en tu casa es hacer que tu familia entera asista a un taller de FAMILIA en tu comunidad. El asistir un taller de FAMILIA es de beneficio para tus hijos porque ellos ven a otras familias que están involucradas en la misma cosa. A muchos padres de familia les falta un punto de referencia para ser padre de familia y muchas veces se dan cuenta de lo "normales" que son cuando asisten a un taller de FAMILIA. Padres de familia escuchan a otros padres cuando expresan sus preocupaciones en cuanto a si son muy estrictos o no. Padres de familia también tienen la oportunidad de escuchar las preguntas tontas o desafiantes de los hijos de otras familias, estas preguntas son las mismas que muchas veces han escuchado en la casa. Un taller de FAMILIA proporciona un lugar para hacer conexiones, aprendizaje, y de ánimo para todos los miembros de la familia. Para recibir más información sobre la posibilidad de patrocinar un taller de FAMILIA en tu escuela, empresa, organización civil, iglesia, sinagoga o comunidad, favor de llamar a la oficina de FAMILY Rules, Inc. al: 1-541-956-8585. Es posible ver más información en cuanto a cómo puedes patrocinar un taller de FAMILIA al visitar mi página de Internet: www.family-rules.com (Favor de ver el Apéndice I).

La tercera opción, y pronto será el método más común es la implementación de FAMILIA por parte de padres como tú. Aunque este acercamiento no incluye los comentarios de una tercera persona objetiva, si no hay problemas en cuanto a asuntos por resolver como padre de familia y como hijo (favor de ver los capítulos cuatro al siete), se puede hacerlo.

He escuchado muchas historias através de varias fuentes con respecto a como padres de familia y maestros se han interado de FAMILIA. Una noche, al tener unos amigos en casa para cenar, escuchamos la siguiente historia: La semana anterior, nuestros amigos habían comido con una familia que había conocido a FAMILIA recientemente. Se quedaron sorprendidos contentamente con la forma en la que se comportaron los hijos de la familia. Todos los chicos estaban sentados cortésmente en la mesa, comiendo bien y sin interrumpir conversaciones. Si esto no fuera suficiente, los chicos de esa familia no estaban saltando por todas partes ni antes ni después de comer ni se peleaban ni entraban en discusiones. Estaban jugando juegos juntos y llevándose bien. ¿Lo puedes imaginar? ¡¡¿Qué pasa con el mundo?!!

Me quedé sentado en la mesa del comedor de nuestra casa con una mirada pensativa en la cara y les pregunté a nuestros amigos, "¿y cuál es el problema?" Ellos me informaron que esta familia ni era un cliente mío de la práctica privada ni habían asistido a un taller de FAMILIA. Los padres conocían a otra familia que sí había asistido al taller de FAMILIA que habían compartido los conceptos de FAMILIA. Como resultado, el caos se eliminó de la casa y todos se estaban llevando mucho mejor. Pudieron hacerlo sin la ayuda de un professional y tampoco sin haber asistido a un taller de FAMILIA. En su lugar, consiguieron en alguna forma mis materiales con los derechos reservados y usaron el contenido para el beneficio de su familia sin haberme pagado ni un solo centavo. ¡Es una broma!

Me puse muy contento escuchar de los resultados positivos de FAMILIA y de cómo éste había ayudado a mejorar la casa de una familia más en este planeta. Mi meta es de trabajar lo suficiente ahora para que más adelante no tenga trabajo. En serio, no me importa si recibo un poco de ayuda en el camino, pero solamente si los enanos de FAMILIA respetan las leyes de los derechos reservados en el proceso. ¡Captaron la idea! La declaración de misión de FAMILIA dice "cada casa necesita una FAMILIA." Mi meta muy simple es de ver que FAMILIA sea implementado en cada casa de este planeta. Favor de ayudar a predicar la palabra. Vamos a restaurar el amor y respeto apropiado hacia Dios, otras personas y nosotros mismos en nuestras casas, escuelas, iglesias, sinagogas y comunidades.

Finalmente, he enseñado FAMILIA a más de 4,000 familias. También he enseñado talleres de FAMILIA a padres de familia de estudiantes de las escuelas públicas de Fairbanks, Alaska; a varias iglesias de diferentes creencias; a trabajadores sociales con licencia en una conferencia en Anchorage, Alaska; a sicólogos certificados y a estudiantes graduados de sicología en una conferencia en Newberg, Oregón; y a padres de familia en el Distrito Escolar "Área C" de la ciudad de Los Ángeles, California. Es un gran elogio recibir una petición de llevar a cabo un taller de FAMILIA y es una bendición escuchar los comentarios positivos de los padres de familia al final del taller. Pensarías que yo acababa de salvar la vida a alguien. Padres de familia salen de estos talleres y comparten la palabra acerca de FAMILIA que ayuda a estabilizar aún más casas en nuestro mundo y esto me da mucha alegría.

Si decides implementar FAMILIA en tu casa sin la ayuda de un "Consejero de Reglas de FAMILIA" o sin asistir a uno de mis talleres de FAMILIA, entonces debes seguir en la siguiente forma (Recuerda que: la implementación "correcta" y "consistente" es la clave – "las dos palabras que comienzan con ´C´"):

1. Al nivel que puedas, asegúrate de que todos los adultos estén involucrados en el desarrollo de la lista de las reglas de FAMILIA (padres solteros, padres casados, padres divorciados que tienen una pareja nueva, etc.). Acuerdo entre todos los adultos involucrados en la vida de tu hijo para promover la consistencia en el mundo de tu hijo, especialmente cuando tu hijo vive en dos casas a causa de un divorcio. He tenido un buen número de ex-esposos/as que han trabajado juntos para desarrollar una lista de reglas que aplicarían en ambas casas. Se proporcionó la estabilidad para los chicos y la manipulación de los padres se cortó ahí no más.

2. Asegúrate de que FAMILIA haya sido editado por todos los adultos involucrados en el proceso. Ten cuidado con respecto a la forma en la que se delcaran las reglas. Tus hijos y adolescentes son buenos abogados. Van a ver un escape en cualquier parte y te van a hacer pagar por haberte equivocado. Recuerda, puedes consultar a tus hijos si quieres, pero tú tienes la última palabra cuando se trata de la gobernación de tu casa. La autoridad fluye hacia abajo. Es mejor consultar con tus hijos en cuanto a las reglas durante una reunión familiar que se puede llevar a cabo después de haber implementado FAMILIA. Ten mucho cuidado de no enviar el mensaje a tus hijos que sí tienen la misma cantidad de poder como tú al tomar decisiones en la casa. ¡No se permite el sistema de ser un padre democrático!

3. Investiga con todos los niños, adolescentes y adultos para los asuntos posibles que pueden interferir con la implementación exitosa de FAMILIA en tu casa (como pruebas sicológicas, necesidades de manejo de medicamentos, necesidades de asesoría, etc.). Por ejemplo, si tienes a un hijo con ADHD, haz que sea examinado y tratado antes de comenzar con FAMILIA. Si tienes una lucha de poderes en tu matrimonio, primero hay que entrar en la asesoría y resolver los asuntos que pueden prevenir que FAMILIA tenga éxito en tu casa.

4. Encuentra un ambiente seguro y neutro para reunirte con tus hijos para explicar FAMILIA. Asegúrate de que todos los adultos van a estar presentes durante el proceso de explicación.

5. Indentifica a un adulto para que sea el facilitador principal. Este adulto debe ser el adulto más razonable y controlado emocionalmente – uno que no será manipulado por un niño

malcriado y desafiante. Lleva a cabo los asuntos necesarios sin perder el control.

6. Comienza con una conducta relajada y tranquila. Trata de incluir humor a veces cuando sea apropiado. Este acercamiento ayuda a fijar un tono positivo; sin embargo, si te ves enfrentado por resistencia obvia de uno o más de tus hijos, entonces te conviertes en un Águila de Alaska. Caes del cielo inmediatamente con una agilidad silenciosa, arrancas el salmón pequeño del río con tus talones y te lo comes. Simbólicamente por su puesto. No se permite el maltratamiento físico ni el canibalismo. En otras palabras, llega al punto clave rápida y calmadamente y diles a tus hijos sobre el hecho de que FAMILIA tiene dientes muy filosos. Si llegaran a desafiar tu autoridad, entonces los dientes serán implementados rápidamente mediante un "strike" o un "tiro alto." El mensaje es "no empujar demasiado con los padres de familia."

7. Pregúntales a tus hijos sobre la necesidad de la existencia de las reglas. Explica como las reglas forman parte de nuestras vidas cotidianas sin importar dónde se encuentren en el planeta. Habla de cómo ellos ya están siguiendo reglas en la casa, la escuela, el trabajo, la iglesia, la sinagoga, en las carreteras, en los aviones, etc. Pregúntales a tus niños y adolescentes como ellos se sentirían si no existieran los gobiernos federales o del estado, no hay policía, no hay fuerzas armadas, no hay leyes y todos los presos habían sido liberados de todas las prisiones y cárceles. Si tienes un hijo vivo que responde diciendo, "No hay leyes. ¡Qué suave!" Di algo como lo que sigue a este niño: "Bueno, yo comprendo. ¿Sería suave si Fulano de Tal llegara a nuestra casa, robara todo, violara y matara a tu mamá y yo en frente de todos, te violara a tí, y luego te atara a ti y tus hermanos y los quemara vivos porque decidió prender fuego a la casa? ¿Esto sería suave?" El hijo vivo generalmente comprende la necesidad de las reglas cuando le ayudas a entender lo que le puede hacer otra persona sin el control de las reglas. Habla de la forma en la que las reglas nos protegen de otras personas y de nosotros mismos.

8. Una vez que los niños y adolescentes reconocen la existencia y la necesidad para las reglas, explica FAMILIA en el orden correcto: F-A-M; y como "F" y "A" y "M" funcionan juntos; y al final I-L-I-A. En otras palabras, sigue el formato del capítulo ocho. Lee el capítulo ocho en voz alta si es necesario. Toma el tiempo de contestar preguntas al leer. Debes planificar una o dos horas

para este proceso inicial de la explicación. Es una buena idea leer las reglas de la familia, en voz alta, una vez a la semana en tu reunión familiar.

9. Cuando llegas a la parte de "I-A," haz que tus hijos entiendan la diferencia entre los "strikes" y el simple hecho de tener un "día malo." "Los días malos" no son strikes. También, haz que tus hijos sepan que la claúsula de los dientes filosos es la última opción y que la mayoría de las familias nunca envían a un hijo al tratamiento residencial a largo plazo. Explica que la mayoría de los niños y adolescentes comprenden FAMILIA y estarán de acuerdo que van a cumplir porque no quieren que se les envíen a uno de estos lugares por un año o más. Sin embargo, asegúrales que no vas a tener miedo de usar los dientes que FAMILIA proporciona si llega a ser necesario. No te van a poder ganar. Tienes una espalda de acero.

10. Dales a tus hijos de 4 a 7 días para realizar la transición a FAMILIA antes de repartir las tarjetas de Buenos Hábitos; pero sí puedes comenzar a repartir las fichas de FAMILIA y las fichas de AOB inmediatamente. Dale a cada niño su propia copia de la lista de las reglas, los quehaceres y los premios. Pon una copia de la lista de las reglas en el refirgerador. Diles a tus hijos que sus amigos estarán sujetos a las reglas. Si sus amigos rompen las reglas, van a hacer las tarjetas al igual a cualquier persona en tu casa. Si niegan a hacer sus tarjetas, pueden irse a su casa. Hazles saber que no pueden regresar a tu casa a menos que estén dispuestos de cumplir con sus tarjetas por romper las reglas en tu casa. Habla con sus padres antes de ponerles a los amigos de tus hijos abajo del mando de tus reglas de la familia.

11. No te olvides de tener las reuniones familiares cada semana. Puedes usar parte de esta reunión para ajustar, afinar y cambiar FAMILIA en tu casa si fuera necesario. Recuerda, el consultar con tus hijos es bueno, pero los adultos tienen la última palabra.

12. Practica lo que predicas. Cumple con tus tarjetas de una forma inmediata, aun si tus hijos no te vieron romper la ley de pasar el límite de velocidad. No vas a creer el efecto poderoso y positivo de un buen ejemplo como padre de familia cuando te identificas como persona que se ha equivocado y que cumples con las tarjetas inmediatamente sin la insistencia de ellos. Tus acciones van a decir mucho más que tus palabras.

14. El número 13 no se usa en los hoteles así que tampoco lo vamos a usar aquí. No me importa si no entiendes la razón. Es mi libro y voy a escribir lo que me dé la gana. Si todo lo demás fracasa, usa los videos de Reglas de FAMILIA y me puedes ver explicar el sistema de FAMILIA a tus hijos. Hay dos videos de Reglas de FAMILIA que están a la venta: (1) un video que les explica a los padres de familia cómo funciona el sistema (como para los padres de familia que prefirirían verme explicar FAMILIA en vez de tomar el tiempo de leer el libro), y (2) un video gracioso con el presente explicando el sistema de Reglas de FAMILIA a tus hijos (de los niveles de Kinder al nivel 12). Puedes comprar los videos de Reglas de FAMILIA al llamar la oficina de FAMILY Rules, Inc. al 541-956-8585. También puedes pedir los videos al visitar mi página de Internet: www.family-rules.com.

Favor de recordar, cuando les estás explicando FAMILIA a tus hijos, es como un asunto de negocio. El dependiente nunca le grita al cliente en el otro lado del mostrador sin importar el humor o la cortesía de la otra persona. No te cambies a un nivel menor a la posición de un hermano, esto te quita la autoridad como padre de familia. Si llegas a ser emocional, te van a tener en el lugar donde te quieren tener. No caes preso a la manipulación. Relájate y diviértete. FAMILIA funciona si lo permites funcionar. "Cada casa necesita una FAMILIA."

10 *Ratas y Cucarachas*

NINGÚN LIBRO QUE SE TRATA DE sistemas de disciplina para padres de familia sería completo sin hablar de ratas y cucarachas. Después de haberle acompañado a Carl a la institución de tratamiento residencial en Samoa del Oeste, me quedó tiempo para gastar en esta isla del Pacífico Sur antes de regresar a casa. El próximo avión no salía de la isla por cinco días. ¡Qué lugar más hermoso para pasar este tiempo! Me reuní con el personal de la institución de tratamiento residencial a largo plazo y me mostraron todo. Hablé con la mamá de Carl por teléfono para avisarle de nuestro viaje y el tiempo de transición que pasé con Carl antes de pasar a dejarlo en la institución.

Al pasar tiempo en Samoa del Oeste, decidí subir una montaña para ver la tumba de Robert Lewis Stevenson. Era un escritor famoso en los años 1800. Cuando llegué a la cumbre de la montaña, empapado del sudor del calor y la humedad, me saludó un matrimonio del sur de California. Era su luna de miel. Nos conocimos un poco através del proceso general de compartir nombres, oficios, estatura y tamaño de los pies (yo mido seis pies, nueve pulgadas – más de dos metros de alto y calzo tamaño dieciséis. Casi todos me preguntan cuánto mido y qué tamaño calzo). Me enteré de que eran abogados. Ellos se enteraron que yo soy sicólogo. Nos pusimos de acuerdo en que no practicaríamos nuestro oficio el uno sin el otro.

De todos modos, nuestra conversación progresó rápidamente al denominador común en nuestros trabajos – los adolescentes. Estuvimos de acuerdo que los años 1960 y 1970 (la época en contra del establecimiento) contribuyeron al deterioro de la familia tradicional y los valores y morales incalcados en este ambiente tradicional. El respeto para la autoridad se reemplazó por el cuestionar la autoridad. La auto-restricción se reemplazó por "intenta todo por lo menos una vez." El vigor y la lealtad al pasar por las pruebas y dificultades fueron reemplazados por "si algo resulta ser difícil, sólo tienes que dejar de intentarlo e intentar algo diferente." Lo bueno y lo malo se reemplazaron por "a cada quien hace lo que le dé la gana con tanto que nadie se lastime" y "¿no funciona para tí?" Bueno, tú me entiendes.

Al estar sentados en la tumba de Robert Lewis Stevenson, nuestra conversación progresó. Nos asombró el hecho de que todos recibíamos un cheque en nuestras profesiones respectivas gracias a la época contra el establecimiento. Las familias se estaban decayendo. Los adolescentes de hoy están enfrentados por muchas presiones sociales y son una generación sin un propósito o una causa. Los padres de estos adolescentes y sus grupos de apoyo de los compañeros han fallado en promover los valores y morales judeo-cristianos de nuestra sociedad. Estos morales y valores tradicionales proporcionaron habilidades y herramientas sociales para tener una buena interacción con otras personas y para tratar los desafíos de la vida.

Sólo una nota adicional fuera del contexto por un momento. Me es interesante notar el movimiento social en los Estados Unidos durante las últimas tres décadas más o menos. Varios grupos étnicos de los Estados Unidos reciben el apoyo de diferentes elementos de nuestra sociedad para que aprendan más sobre su historia cultural y para restaurar los valores de sus antepasados en sus propias vidas. Se les anima que estudien los idiomas nativos, que aprendan de la comida y religión. Lo anterior es cierto con excepción de los euro-americanos. En su lugar, se les dice a ellos, mediante algunos elementos de nuestra sociedad a que huyan de sus raíces euro-americanas/judeo-cristianas y a que se afierren a la lancha salvavidas de las virtudes populares nebulosas del relativismo moral. Los euro-americanos reciben las instrucciones de que deben creer en lo que quieran creer, pero de no aferrarse a los valores judeo-cristianos de la misma forma que lo hicieron sus antepasados. Que deben de dejar de creer en lo bueno y lo malo. Que deben confiar en la sabiduría de las encuestas de la opinión pública y en su corazón. El seguir la voluntad del pueblo ahora es más importante que el obedecer la regla de la ley. A los euro-americanos se les dice que deben creer en el dios que quieran, pero se les dice que no deben creer en el concepto euro-americano del Dios judeo-cristiano; sin embargo, éste es el tema de otro libro para el futuro. Gracias por escucharme. Ahora, a seguir con nuestra historia.

Como resultado de la época contra el establecimiento, los tres de nosotros teníamos trabajo. Uno de nosotros levanta los pedazos rotos de Humpty Dumpty cuando se cae de la pared, otro le procesa a Humpty Dumpty por haberse caído y la otra persona protege el derecho que Humpty Dumpty tiene para caerse de la pared y romperse en los pedacitos. Todos estuvimos de acuerdo que sería preferible tener familias sanas en nuestra sociedad y tener que trabajar en otras profesiones; sin embargo, esto no va a suceder en nuestras vidas. Desafortunadamente, yo tengo seguridad en el trabajo.

Después de esto, nuestra conversación se tornó para lo peor. El procesador habló de las "ratas que se están multiplicando en las paredes." Con una mirada confundida en mi cara, le pedí clarificación, "¿qué quieres decir con las ratas que se están multiplicando en las paredes?" Habiendo vivido en Alaska en el pasado, tenía dificultades al visualizar cualquier cosa sino el hielo en las paredes. Él comenzó a hablar de sus miedos con respecto a los problemas que nuestra sociedad enfrentará en una o dos décadas cuando esta generación produce la próxima generación de adolescentes. En otras palabras, las ratas se están multiplicando en las paredes. Concluimos que hay un abismo en nuestra sociedad entre los niños que reciben las enseñanzas de respeto y amor para con Dios, otras personas, y uno mismo, en comparasión a los niños que se crían en una existencia centrada en uno mismo, que uno es víctima, sociopático, desafiante y sin dios. A menos que las cosas cambien rápidamente, debemos empezar la construcción de grandes murallas alrededor de las ciudades de Nueva York y Los Ángeles poruqe las películas de "Escaparse de" van a llegar a ser la realidad. Sólo tienes que ver los videos, "El Escape de Nueva York" o "El Escape de Los Ángeles" y vas a tener una idea de lo que hablo. ¡Favor de no permitir que tus hijos vean estos videos!

Las ratas se están multiplicando en las paredes y lo único que nos queda por hacer es ayudar a una familia a la vez. Esto es cuando tú entras al juego. ¡Sí, tú! El lector de este libro. Tú tienes la responsabilidad de analizar donde te encuentras al nivel individual, como esposo/a si estás casado/a y como padre de familia. ¿De veras enfrentas tus asuntos honesta y seriamente? ¿Buscas la ayuda terapéutica, médica y/o espiritual si es necesario? ¿Cómo les estás criando a tus niños? ¿Tienes estrés, estás cansado, te estás dando la espalda a los niños y dejas que ellos controlen la casa y salgan sin direcciones a la calle? ¿Tienes un grupo de apoyo, o un grupo de 12 pasos, una sinagoga o iglesia local? ¿Cumples la responsabilidad de criar a tus hijos activamente o esperas que crezcan rápidamente y que salgan de la casa pronto en vez de más adelante? Puedes ayudar a cambiar los problemas de mañana al tomar una parte activa en la crianza de tus hijos hoy. Espero y ruego que no estés contribuyendo a la multiplicación de las ratas en la pared.

Ahora vamos a contemplar las cucarachas en la cocina, que es otra cosa que me es difícil visualizar, habiendo vivido en Alaska anteriormente. ¿Un oso negro en la cocina? Sí. ¿Cucarachas en la cocina? No. Gracias a Dios que hace demasiado frío en Alaska para que vivan las cucarachas. ¡Dame un oso pardo o un alce cualquier día de la semana! Tampoco tenemos cucarachas en nuestra casa en Grants Pass, Oregón. ¡Qué suerte!

Cuando implementas FAMILIA en tu casa, será como prender las luces a medianoche en una casa en la Florida. Las cucarachas en la cocina van a correr a todas partes. Van a esconderse. No quieren que las veas. De la misma forma, FAMILIA va a lucir la luz de la verdad en cada miembro de la familia y el papel que juegan en la disfunción familiar. ¿Está controlando mamá o papá demasiado o no está dispuesto/a de compartir la autoridad? ¿Los padres de familia son los padres de la familia o los niños son los padres? ¿Quién es que generalmente toma la responsabilidad y quién es que da pretextos para sus decisiones? ¿Ambos padres están practicando lo que predican? ¿Exactamente hasta qué nivel cumplen o desafían tus niños con o a tu autoridad?

Rick y Delores asistieron a un taller de FAMILIA con su hijo Frank. Después del taller, se pusieron en contacto conmigo para fijar citas para unas sesiones de asesoría para su familia. Rick y Delores estaban experimentando dificultades con la implementación exitosa de FAMILIA porque Frank era un buen abogado. Buscaba pretextos y dividía el poder. En otras palabras, actuaba de forma pasiva-agresiva hacia sus padres y el espíritu de la ley. La verdad y el cumplimiento verdadero no era lo más importante en la mente de Frank.

Al empujar más en las sesiones de terapia mediante las consecuencias de FAMILIA. El desafío absoluto de Frank llegó a ser más y más claro para Rick y Delores. Fue algo difícil para que lo vieran y aceptaran. Rick y Delores comenzaron a investigar un poco más y se interaron que Frank había transferido pornografía de la Internet a la computadora de la casa. También había obtenido información sobre la fabricación de bombas. Había conseguido una casilla de correo para poder recibir correo inapropiado. Finalmente, Frank había obtenido un servidor en línea y había pagado los gastos con el dinero que ganaba trabajando en un restaurante de comida rápida. Rick y Delores ni tenían la idea que Frank estaba haciendo todo esto sin que ellos supieran. Después de todo, ellos habían cancelado su servicio local de Internet. ¿No es asombroso el nivel los servicios que nuestros hijos pueden obtener sin el permiso previo de los padres? La empresa ni intentó ponerse en contacto con Rick y Delores para ver si estaba bien con ellos. ¡Ni hablamos de la posibilidad de un pleito civil!

En la situación de Rick y Delores, FAMILIA mostró en verdad dónde el enfoque de la mente de Frank se hallaba. Como resultado, Rick y Delores optaron por enviarle a Frank a una institución de tratamiento residencial a largo plazo en Montana. Frank está progresando lentamente con respecto a sus asuntos. Está aprendiendo a aceptar la responsabilidad por sus decisiones inapropiadas. Frank está comenzando a enfrentar la vida en una forma honesta. Obviamente, Rick y Delores son entusiásticos con respecto al progreso de Frank y no pueden esperar tenerlo otra vez en su casa.

Otra situación donde el impacto de FAMILIA claramente mostró una situación de disfunción familiar es el caso de Ken y Darlene. Llevaron a su hija, Sharon, a verme en una situación de terapia. Ella había tenido una historia de toda la vida de problemas con ansiedad y ajuste a situaciones nuevas. Notaba que su cambio a Grants Pass, Oregón resultaba ser una experiencia difícil. Como consecuencia, había comenzado a atrasarse un poco en la escuela y mostraba su rabia en la casa. Repetidas veces, Sharon les había dicho y gritado a sus padres que quería regresar a su casa en el suroeste de los Estados Unidos donde no hacía tanto frío. Sus padres en verdad estaban considerando entregar una petición al empleador de su padre para que pudieran regresar a su lugar originario. Les dije que tal cambio sería un error grande y sólo daría respaldo a su pensamiento irracional y la conducta inapropiada.

Ken y Darlene concordaron en asistir a un taller de FAMILIA con sus cuatro hijos. Cuando implementaron FAMILIA en su casa, Sharon llegó a complir completamente y trabajó con los asuntos que le preocupaban en la terapia rápidamente. Una vez que se había dado cuenta que sus tácticas de manipulación no iban a tener un efecto y que estaba aislada en Grants Pass hasta graduarse de la escuela preparatoria, se puso a ajustarse y ponerse más estable emocionalmente. Debo agregar que algunos medicamentos le ayudaron también.

La sorpresa para Ken, Darlene y para mí era la reacción de su hijo Greg. Sus colores verdaderos salieron porque FAMILIA proporcionó estructura en la casa y mostró sus tácticas de manipular a su mamá.

Realizaba conducta desafiante sútil porque las acciones de Sharon le dieron una diversión. FAMILIA prendió la luz en las cucarachas en la cocina de la familia de Ken y Darlene y las antenas de la cucaracha de Greg se atraparon en el contendedor de galletas. Yo le enfrenté a Darlene con respecto a su conducta de darle poder y de rescatar a sus hijos. Ella decidió ponerse firme con Ken para enfrentarle a Greg.

Como resultado del hecho de Ken y Darlene se pusieran firmes, Greg, por fuera, cumplió por algunos meses. Sus padres estaban contentos y la familia parecía estabilizarse; sin embargo, sólo se hallaban en el ojo del huracán Greg. Un poco más adelante, los vientos fuertes y la lluvia del huracán Greg pegaron a la costa de Ken y Darlene sin cesar. Greg actuaba con mucha venganza. Lo hizo muy claro que no estaba dispuesto de sumeterse a la autoridad de sus padres. Sus deberes en la escuela sufrieron también y se estaba peleando mucho sin ninguna muestra de remordimiento. Y lo disfrutaba.

Lo último para Ken y Darlene fue cuando Greg tuvo la audacia de entregar quejas falsas de maltratamiento físico a las autoridades de la escuela. Fue un acto de desesperación por parte de Greg para intentar seguir con el control de sus padres. Desafortunadamente, esto ocurre a veces en diferentes familias y la agencia de los Servicios Protectivos de Niños trata a los padres como si fueran culpables primero hasta comprobar que son inocentes. Estas agencias estatales representan un mal necesario. Sí ayudan a niños que son maltratados. Greg había declarado que odiaba a sus padres y hermanos y no le importaba las consecuencias negativas que sus alegaciones falsas tuvieran en las reputaciones de sus padres y sus trabajos. Dentro de poco, el asunto se aclaró y la verdad venció otra vez. Greg también ganó un viaje a tratamiento residencial a largo plazo con todos los gastos pagados gracias a su “tiro alto” de haber hecho un informe falso. Se hallaba fuera de control en una forma grave. Ken, Darlene y Sharon continuaron con la terapia y asistieron a talleres de la auto-exploración. Su consciencia recién encontrada de los asuntos propios personales les ayudó a ser mejores seres humanos al igual que mejores padres de familia. Greg terminó con éxito su tratamiento en Jamaica y la familia entera ya va mucho mejor. Ya no hay más cucarachas en la cocina de la familia.

FAMILIA de veras funciona, pero no siempre necesariamente en la forma en que algunos padres quisieran; sin embargo, el control de los pestes es necesario para prevenir que las ratas en las paredes se multipliquen. No necesitamos otra generación de adolescentes con problemas. A fin de cuentas, es mejor saber lo que sucede de noche en una cocina iluminada que pisar las cucarachas en la oscuridad con tus pies descalzos. ¡La negación es terrible! El ser padre de familia es un desafío, pero, si eres activo, todos salen ganando. Tú ganas, tus hijos ganan, tu escuela gana, tu iglesia o sinagoga gana, tu comunidad gana y nuestra sociedad gana. No hay ningún lugar como el hogar (clic, clic, clic – es una referencia a la película del Mago de Oz) para comenzar a realizar los cambios positivos y saludables que se hacen posibles por la implementación de FAMILIA en tu casa. ¡Diles adiós a las ratas y las cucarachas! ¡Bienvenido FAMILIA! Es el momento de encaminar tu familia en la dirección correcta con la FAMILIA de todos los sistemas de ser padres de familia, porque "cada familia necesita una FAMILIA."

11 El Ser Padre de Familia como Parte de la Comunidad

TE FELICITO por tu amor y preocupación para con tu familia y el bienestar actual y en el futuro de ella. No estarías leyendo este libro en este momento si esto no fuera el caso. Necesitamos más padres de familia que son pro-activos como tú en nuestras comunidades, que se involucran en las vidas de sus niños. Necesitamos más padres que están buscando constantemente maneras de mejorar su ambiente familiar, que están al tanto de las actividades de sus hijos, saben dónde están y quiénes son los amigos de sus hijos. Éste es un buen ejemplo positivo de lo que es ser padre de familia. Sin embargo, tu responsabilidad no termina con tu familia. Formas parte de una familia más grande llamada una comunidad. A pesar del progreso tecnológico de nuestra sociedad y la tendencia subsecuente de llegar a estar aislados y auto-suficientes, nos hacemos responsables también por los hijos de nuestro vecino. En verdad tenemos que proteger a nuestro hermano.

¡No te desesperes! No hablo del libro de Hillary Clinton, Es todo el pueblo que cría a un niño (traducido como "Es el hermano mayor [el gobierno] que cría a un niño"). Nunca fui una persona que apoyara la intervención del gobierno en las vidas de las familias. Dado, los Servicios Protectivos de Niños existen para una razón. Algunos niños de veras son maltratados por padres irresponsables. Estos padres merecen que los niños sean quitados de su presencia. Los niños maltratados de veras necesitan nuestra ayuda y un abogado. Bueno, las agencias de Servicios Protectivos de Niños a veces cometen errores y realizan una intervención equivocada. En la mayoría de los casos se debe a las acusaciones falsas hechas por un niño mentiroso que está luchando para el control con sus padres. Desafortunadamente, la agencia a veces trata a los padres como si fueran culpables hasta que se hallen inocentes. Es algo muy triste para todos los que están involucrados. Sin embargo, las agencias de los Servicios Protectivos de Niños representan un mal necesario. Si no existieran, ¿quién se cuidaría de los niños maltratados de nuestra comunidad? ¿Quién intervendría por su parte?

No obstante, la manera de ser padres de la comunidad a la que yo me refiero es la que era común ver en la mayoría de las comunidades de nuestro país hace varias décadas. Ahora sólo se ve en los suburbios y las comunidades rurales, como el lugar donde vivimos ahora en Grants Pass, Oregón. Es algo muy triste. La idea de ser padres de la comunidad se ha muerto en varias comunidades grandes debido a un aumento en la población, el aislamiento tecnológico y económico y gracias a la falta del hecho de que los padres no están involucrados o niegan participar en la disciplina de sus niños (hemos escuchado "¡Los niños siempre van a ser niños! ¡Ja! ¡Ja! Cambiará cuando sea más grande. Sabes que, ¡no te importa!"). Varios padres ya no les dicen nada del comportamiento inapropiado de algunos niños a los padres apatéticos que no están involucrados en las vidas de sus hijos porque saben que no van a hacer nada al respecto.

A pesar de este escenario triste, tú puedes hacer tu parte pequeña en restaurar esta tradición valorable de la interdependencia comunitaria. Los niños y adolescentes tienen que saber que si no se portan bien en público, que tarde o temprano sus padres se van a enterar porque otro padre de familia de la comunidad se va a preocupar por hacerlo. Las cortes de la nación y las legislaturas de nuestros estados por fin se están poniendo firmes con estos padres apatéticos que no están involucrados en las vidas de sus hijos – los que no tienen interés en el hecho de que sus hijos están tomando alcohol y drogas, robando, construyendo bombas en sus garajes o comprando armas y escondiéndolas en sus cuartos para luego dispararlas en la escuela. Si tú ves a un niño o adolescente que se está portando mal, haz algo al respecto. Habla con los padres de los chicos e incluye una expectativa de que ellos hagan algo. Si los padres de los chicos responden en una forma apatética, diles que vas a llamar a la policía, que vas a avisarle a la agencia de Servicios Protectivos de Niños o que los vas a ver en la corte civil. Tú involucración en el hecho de ser padre en la comunidad les va a inspirar a otras personas, sin tomar en cuenta si quieren recibir este tipo de inspiración o no, a que hagan su parte. Todos necesitamos ser partícipes en las vidas de nuestros hijos.

La primera vez que yo recuerdo estar involucrado en este sistema de ser padre en la comunidad era cuando yo tenía más o menos cuatro años. Iba a pasar unos días en la casa de mis abuelos en Portland, Oregón. Afortunadamente, mis padres me habían dejado mi tricicleta para que jugara con ella. Recuerdo claramente que mi abuela me dijo donde podía andar en mi tricicleta y donde no podía andar (al otro lado del cerro inclinado). Cuando mi abuela entró a la casa, subí a la tricicleta y seguí en la vereda hasta la cumbre del cerrito, me fijé que nadie me estaba vigilando, y recibí el paseo de mi vida. Después de haber viajado unos cien pies, me di cuenta que no tenía frenos. El letrero que decía ALTO y una bocacalle se estaban acercando rápidamente. Doblé en una entrada de la casa de alguien y choqué con una pared de concreto. Me desperté en unos minutos con sangre por todas partes de mi cuerpo. Un hombre adulto me estaba llevando junto con mi tricicleta intentando averiguar quién era que se hacía responsable por mí. Mi abuela salió corriendo estéricamente de su casa. ¡Epa! ¡Este señor le dijo de todo a mi abuela! Ella nunca me dejó de vigilar después de esa experiencia. Si esto no es ser padre en la comunidad, no sé lo que es.

Otra experiencia en el ser padre en la comunidad se trata de un día cuando yo estaba mirando por la ventana de mi casa y vi que un chico de diez años le estaba pegando a un niño de ocho años. Abrí la puerta y le dije que dejara de pegarle al otro niño. Me ignoró y siguió pegándole al otro niño. Salí a la calle y le dije que dejara de pegarle. Me dijo que no me importaba y que yo no tenía nada que ver con la situación. Al detenerlo ahora en un intento de hacer que dejara de pegarle al otro niño, le dije que era mi barrio y mi entrada de coche al garaje, entonces sí me importaba lo que pasaba. Le pregunté dónde vivía y no me quiso decir. Le dije que si no me dijera dónde vivía, que yo iba a llamar a la policía. Entonces me dijo donde vivía. Caminé con este chico por la calle hasta llegar a su casa. Toqué la puerta y su mamá la abrió. Estaba medio borracha y tenía una cara de sorpresa cuando le dije que cuidara mejor a las acciones de su hijo. Comenzó a decirme que yo no tenía nada que ver con los asuntos de su hijo, pero dejó de hacerlo cuando le dije que yo llamaría a la policía si no cambiara su tono. Ella cumplió e hizo que su hijo entrara a la casa. El chico nunca peleó otra vez en nuestro barrio. El niño más joven jugó en paz y seguridad porque sabía que un padre en la comunidad se preocupó lo suficiente como para cuidarlo.

Justo antes de mudarnos a Oregón, tuve una experiencia con el ser padre en la comunidad mientras manejaba las 360 millas de Fairbanks a Anchorage en la Carretera Parks. Es uno de los paseos más hermosos en Alaska y pasa por algunos bosques pristinos, incluso paisajes increíbles de Mt. McKinley y el Parque Nacional de Denali. Era durante los primeros días de la primavera y todavía hacía mucho frío. El sol se estaba poniendo. Bueno, justo en medio de la expansión de 360 millas de carretera, me encontré con un vehículo discompuesto con cinco adolescentes. Iban rumbo a Fairbanks. Me dijeron que se habían quedado sin aceite y que el motor se había atorado. Me preguntaron si yo tenía algo de aceite y les dije que no. La próxima parada quedaba a unas 20 millas en el camino. Salí manejando hacia el sur y conseguí aceite gracias a un conserje en la Posada de la Princesa de Denali. Yo quería pagarle los gastos del aceite pero él rechazó mi oferta de dinero después de escuchar la razón por la que lo necesitaba. Él no quería cobrarle a un Buen Samaritano que estaba ayudándoles a unos adolescentes desesperados. Me dijeron que había un camión remolcador a unas 15 millas más al sur de la posada.

Manejé las 20 millas al norte para llevar el aceite a los adolescentes desamparados. Ya se estaba oscureciendo. Me dijeron que habían obtenido aceite de otro viajero en un coche y que el motor ya no funcionaba. Uno de los adolescentes subió al coche del otro viajero y siguieron al norte para llegar a una estación de servicio a unas 75 millas de distancia. Él no sabía que había un camión remolcador a unas 35 millas al sur. Cuando te quedas en el camino en medio de la nada en Alaska, cada milla cuenta porque el dar remolque a un vehículo te va a salir muy caro. Tres de los adolescentes subieron a mi camioneta y otro dijo que no iba a subir. A él se le ocurrió la idea que tenía que quedarse con el coche. Le hice recordar que no había calefacción en el coche discompuesto y que se iba a congelar la ciudad de Honolulu, Hawaii antes de que yo le iba a dejar quedarse con el coche. Mandé que subiera a mi camioneta para que pudiéramos alcanzar a su amigo antes de que viajaran mucho más al norte. Dijo que estaba bien y subió a la camioneta.

Al manejar hacia el norte para alcanzar al coche que llevaba su amigo, los cuatro adolescentes en mi camioneta me contaron de todo lo sucedido en su experiencia de haberse quedado a mitad del camino entre Anchorage y Fairbanks. Aparentamente, se estaban paseando en Fairbanks y terminaron desobedeciendo el toque de queda de sus padres. En vez de regresar tarde a la casa y recibir la recompensa, en un acto impulsivo, decidieron manejar las 360 millas al sur para llegar a Anchorage. Llegaron a Anchorage y pasaron la noche en un cuarto de un hotel. Hay que tener en cuenta que nunca llamaron a sus padres. Ni uno de ellos. Te digo, si uno de ellos fuera mi hijo, estaría frenético. En el camino de regreso de Anchorage a Fairbanks, el motor del coche se había atorado porque se habían quedado sin aceite. ¿Te parece ser un grupo de adolescentes impulsivos que se hallan fuera de control?

Después de manejar unas 30 millas hacia el norte, alcanzamos el coche con el quinto adolescente. Le dije que habíamos encontrado una compañía de remolque a unas 35 millas al sur de donde se habían quedado en el camino y que ahorraría mucho dinero si ellos remolcarían su coche. Subió a mi camioneta y manejamos las 30 millas de vuelta a su coche. Nos paramos para que pudieran sacar sus posesiones personales. Luego manejamos las 20 millas a la Posada de la Princesa de Denali donde podía llamarle a uno de los padres de los adolescentes. Sólo podía imaginar cómo se sentía ese padre cuando un extraño le llamaba, presentándose como el Dr. Johnson, contándole del dilema de su adolescente. Le aseguré que yo me iba a ocupar de cuidar de su hijo y los otros. No iban a estar desamparados en la oscuridad y las temperaturas frías de Alaska.

Manejamos las 15 millas más hacia el sur. Al manejar, les dije a los adolescentes que deberían de humillarse cuando sus padres llegaran en la mañana. Uno de los adolescentes dijo, "¿Por qué tenemos que hacer esto? No hicimos nada malo." Dos de los otros adolescentes le contestaron rápidamente, "Sí que hicimos algo malo. No respetamos el toque de queda, salimos de Fairbanks y manejamos hasta Anchorage sin el permiso de nuestros padres y terminamos desamparados en el medio de la nada. ¡Tuvimos suerte que el "Dr. J" paró para ayudarnos o ya estaríamos muertos gracias al frío! ¡Hicimos mucho!" Encontramos la compañía de remolque. Afortunadamente, la estación de servicio Texaco en Trapper´s Creek tenía un restaurante para que los chicos pudieran entrar y comer y descongelarse.

Los chicos no tenían dinero así que le di mi tarjeta de crédito a la cajera y le dije que los padres de los chicos pagarían cuando pasaron por ellos en la mañana tanto para la cena como para el desayuno. Si no le pagaron, ella podría cobrar todo a mi tarjeta de crédito. Eran como las 11 de la noche y ya era tarde para que los padres manejaran desde Fairbanks. Así que la cajera les dio de comer a los chicos y me ayudó a encontrar una pensión en Trapper´s Creek para que pudieran pasar la noche.

Hablé con el chofer del camión remolcador y le conté de la ubicación del coche discompuesto a unas 20 millas hacia el norte. Le di la información de mi tarjeta de crédito y le dije que los padres de los chicos pagarían en la mañana cuando llegaron. Pero si no pagaron los gastos del remolque, le dije que cobrara todo en mi tarjeta de crédito. Uno de los chicos subió al camión remolcador para recuperar el coche discompuesto.

Cuando llegamos a la pensión, nos saludó una señora mayor muy amable, le expliqué la situación y le pregunté si podía poner los muchachos en un cuarto y las muchachas en otro cuarto. Ella comprendió y me dijo que su cuarto quedaba justo en medio de los otros dos cuartos. Me aseguró que no iba a haber conducta inapropiada durante su turno. Le di la información de mi tarjeta de crédito y le dije que los padres pagarían los gastos de los cuartos cuando llegaron en la mañana. Le dije que si no le pagaron, que cobrara los gastos de los dos cuartos en mi tarjeta de crédito. Afortunadamente, estaba dispuesta de ayudar en una forma flexible con los jóvenes.

Cuando me estaba dispidiendo de los jóvenes en la pensión, me dieron las gracias miles de veces. Una de las muchachas declaró, "Eres Jesucristo en la carne, tan amable y bondadoso." Antes de salir le dije, "Sólo hay un Jesucristo y no soy yo. Pero, soy cristiano y creo en tratar a los otros como quieres que te traten. Si uno de ustedes fuera mi hijo, yo esperaría que alguien como yo ayudaría en un momento de tanta necesidad." Estuvieron de acuerdo. Al final dije, "Me tienen que prometer que me van a hacer un favor." Respondieron, "¡Sí, cualquier cosa!" Les dije, "Denles a sus padres un abrazo bien grande y pídanles perdón por lo que ustedes han hecho. Trátenlos con respeto y no los contradigan a pesar de las consecuencias que van a recibir y en verdad que merecen." Estuvieron de acuerdo y me dijeron que se quedarían humillados en espíritu. Llegué a mi destino en Anchorage unas horas más tarde de lo que había planeado. Sin embargo, dormí bien sabiendo que los jóvenes estaban seguros y que yo había practicado lo que predico.

Tres saludos a las personas que participaron en los ejemplos anteriores. Si todo lo anterior no es una muestra de lo que es ser padre en una comunidad, no he visto un buen ejemplo. Estos cinco jóvenes se estaban entrando impulsivamente más y más profundo en problemas mientras pasaba el tiempo. Si no fuera por la ayuda de un conserje flexible, un viajero, una cajera, un chofer de remolque, una dueña de una pensión y un sicólogo que estaba viajando, estos chicos hubieran muerto de hipotermia antes de enterarse de lo que les había ocurrido.

Para terminar, un último ejemplo de lo que es ser padre en una comunidad que tuve cuando le llevé a mi hijo Levi, a un partido de fútbol americano de una escuela preparatoria local. Al acercarnos a la entrada principal del estadio, los dos vimos a un amigo de la familia que estaba parado justo a este lado de la puerta. Brian estaba fumando un cigarillo con unos amigos de la escuela preparatoria. Cuando Brian nos vio, se puso pálido con una mirada de "me agarraron en el acto" en la cara. Me sorprendió mucho y pasé de largo sin decirle nada a Brian. Brian sabía que yo estaba enojado.

Al otro día, hice una de las llamadas más difíciles de mi vida. No sabía si los padres de Brian sabían o no que estaba fumando cigarrillos. Me aseguraron que sí sabían de su problema con los cigarrillos pero no habían tenido éxito en hablar con él para que dejara de fumar. Aparentemente, sólo había comenzado a fumar unos meses antes de que lo viéramos en el partido. Me pidieron que llevara a su hijo, Brian, a comer y que hablara con él en cuanto a mis preocupaciones. Les dije que sí lo haría y fijamos una cita ese mismo día para salir a comer el almuerzo con Brian.

Brian y yo fuimos a un restuarante local que él había escogido. Nos sentamos y hablamos de lo que pasaba en nuestras vidas. Al hablar, pedimos el almuerzo. Le dije a Brian que podía pedir lo que quería porque yo iba a pagar. Además de pedir la comida, yo también pedí una cerveza grande. Noté que la cara de Brian tenía una gran mirada de sorpresa cuando pedí la cerveza. Él sabía que yo no tomaba alcohol. Hablamos y comimos nuestro almuerzo y pasamos más de una hora y el vaso con la cerveza permanecía en medio de la mesa. De vez en cuando, la mirada de Brian se fijaría en el vaso y luego me miraba a mí. Yo podía notar que él se estaba preguntando si yo iba a tomar o no.

Finalmente, después de mucho tiempo, le pregunté a Brian, "¿Te diste cuenta que yo pedí un vaso grande de cerveza?" Brian contestó, "¡Sí! ¡Me sorprendiste!" Le hice otra pregunta a Brian, "¿Te diste cuenta que nunca tomé ni un trago?" Brian dijo, "Sí, pero yo creo que está bien que los cristianos tomen alcohol." Le dije que yo también pensaba que estaba bien que los cristianos tomaran tan sólo que lo hicieran en moderación. También le dije a Brian que yo no tomo porque el alcoholismo es algo común en mi familia y no quiero correr el riesgo de convertirme en alcohólico. Le pregunté a Brian, "así que, ¿te quedaste sorprendido cuando yo pedí una cerveza?" "Sí," dijo Brian.

Le dije a Brian que Levi y yo estábamos sorprendidos de la misma forma cuando vimos que él estaba fumando un cigarrillo justo afuera del estadio de fútbol americano. En lágrimas, compartí mis preocupaciones con Brian en cuanto al ejemplo malo que estaba demostrando para sus hermanos menores. Le hice recordar que Levi le admiraba y que le había causado mucha confusión cuando vio que Brian estaba fumando. También expresé mis preocupaciones con Brian en cuanto a lo que el fumar puede hacer a su salud. Le dije a Brian que no me quedaba otra opción más que no invitarle a acompañarme a mi y a Levi de Fairbanks a Anchorage para ver el Great Alaskan Shootout durante las vacaciones para el Día de Acción de Gracias (es el mejor torneo de básquetbol al nivel universitario en toda la nación antes de que la temporada comience). Los tres de nosotros hemos hecho el viaje varias veces durante las vacaciones para el Día de Acción de Gracias. Tanto mis lágrimas como la realidad obvia de perder la oportunidad de ver los partidos de básquetbol le conmovieron a Brian.

Brian llegó al punto de lágrimas también y se comprometió a dejar de fumar. Me dijo que nunca había pensado en que el fumar tendría un efecto negativo en Levi o en us hermanos menores. Brian había tenido una epifanía. Se había dado cuenta de que sólo había pensado en sí mismo con su nuevo vicio negativo. No ha fumado desde ese día cuando comimos el almuerzo. ¡Nos divertimos mucho en el torneo del Great Alaskan Shootout! No hay mejor manera para pasar las vacaciones del Día de Acción de Gracias que ver cuatro días seguidos de partidos de básquetbol al nivel universitario sin parar de la primera fila de la cancha. Bueno, ahora que nos hemos cambiado a Oregón, tenemos que complacernos con mirar los partidos de los Patos de Oregón y los Trail Blazers de Portland. ¡Qué Buen Baloncesto!

Por favor, madres y padres, practiquen el ser padre en la comunidad. Todos necesitamos el uno y el otro. Algún día tal vez tengas que ayudarles a mis hijos. Si uno de mis hijos no se está portando bien, quiero que me digas. Trabajemos juntos para amar y proteger a nuestros niños. ¡El ser padre en la comunidad sí funciona!

Parte 3
¿Preguntas sobre FAMILIA?

12 *Preguntas y Respuestas*

VA SIN DECIR, QUE TIENES algunas preguntas en cuanto a la implementación del sistema de FAMILIA. Bueno, ¡hay buenas noticias! Voy a tratar de hacer lo mejor para anticipar cada pregunta que puedas tener sobre FAMILIA, y voy a intentar contestar esas preguntas aquí y ahora. Me doy cuento que soy 100% humano y es casi seguro que se me va a olvidar incluir algunas preguntas y respuestas en este capítulo. Sin embargo, gracias a los milagros modernos de la tecnología, vas a tener la oportunidad de ponerte en contacto conmigo através de mi sitio de Internet y hacer preguntas sobre FAMILIA que no incluí en este capítulo (www.family-rules.com). También puedes enviarme un mensaje por correo electrónico a (drj@family-rules.com). Voy a poner las respuestas a tus preguntas en mi sitio de Internet para que tú y otras personas las puedan ver. No voy a incluir tu nombre para poder proteger la confidencialidad. Sin embargo, voy a incluir tu ciudad y estado para que puedas reconocer la pregunta y respuesta. También vas a tener la oportunidad de ver diferentes preguntas hechas por otros padres de familia que a lo mejor no se te habían ocurrido. Voy a incluir todas esas preguntas en la próxima edición de este libro. Ahora, a seguir con las preguntas y respuestas.

UNA PREGUNTA CON RESPECTO A UNA GARANTÍA DE FAMILIA

1. ¿HAY UNA GARANTÍA DE QUE EL SISTEMA DE FAMILIA FUNCIONE SIN PROBLEMAS EN UNA SITUACIÓN DONDE NO HABÍA NINGÚN SISTEMA DISCIPLINARIO – SÓLO EL CAOS? ¿Algo sin problemas? Donde haya padres de familia y niños que son humanos, puedo garantizar que vas a encontrar problemas. No obstante, si implementas de una forma correcta y consistente ("las dos palabras que comienzan con ´C´"), vas a ver que el caos se disminuye a un nivel que sea tolerable, hablando relativamente. No te olvides de la analogía del coche discompuesto que mencioné anteriormente en el libro.

PREGUNTAS SOBRE LOS CASTIGOS CORPORALES:

1. ¿DEBE UN PADRE DE FAMILIA INCLUIR EL DAR AZOTES EN LA LISTA DE REGLAS, RESERVANDO EL DERECHO DE IMPLEMENTARLO? ¡No! Hablé claramente de esto anteriormente en el libro, FAMILIA es para los niños de Kinder hasta el nivel 12. ¡Estos niños ya son grandes como para darles los azotes! Los tiempos muertos y unos azotes limitados (como de uno a tres azotes leves en las nalguitas sin usar objetos – no dejes marcas ni moretones) son apropiados para los niños de los dos años a los años pre-escolares. Una vez que lleguen al kinder, ¡ya no les des azotes! FAMILIA ayudará a corregir sus problemas de comportamiento si implementas el sistema de una forma correcta y consistente ("las dos palabras que comienzan con ´C´"). Averigua bien las leyes de tu estado y/o consulte con tu abogado sobre el tema de dar azotes.

PREGUNTAS SOBRE LAS TARJETAS DE LOS BUENOS HÁBITOS:

1. MI ESPOSA Y YO TENÍAMOS LA IMPRESIÓN DE QUE LOS CHICOS SÓLO RECIBÍAN UNA TARJETA O TARJETAS, SEGÚN LO QUE HABÍAMOS FIJADO, SI NO TERMINARON SUS QUEHACERES. La mayoría de las familias reparten una tarjeta por cada quehacer no terminado. Algunas familias deciden dar dos tarjetas de buenos hábitos por cada quehacer no terminado.

2. ¿PODEMOS DAR UNA TARJETA O TARJETAS POR CADA QUEHACER QUE SE QUEDÓ SIN TERMINAR? ¡Sí! La mayoría de las familias dan solamente una tarjeta por cada quehacer que queda sin terminar.

3. ¿QUÉ PASA SI ALGUIEN SACA UNA TARJETA, Y LUEGO ALGUIEN DIFERENTE ROMPE UNA REGLA Y SACA LA MISMA TARJETA? ¿PODEMOS DEVOLVERLA A LA PILA DE TARJETAS? Cuando sacas una tarjeta de buenos hábitos y se ha hecho lo que dice, hay que ponerla en la pila de tarjetas descartadas. Nadie más debe tener la oportunidad de sacar la misma tarjeta hasta que se han agotado las demás tarjetas y se hallan en la pila de tarjetas descartadas. Cuando se han hecho todas las tarjetas y se hallan en la pila de las tarjetas descartadas, hay que mezclarlas otra vez y comenzar de nuevo.

4. ¿QUÉ PASA SI ALGUIEN TIENE TODAS LAS 50 TARJETAS, Y LUEGO ALGUIEN MÁS ROMPE UNA REGLA? Dale a la segunda persona sus tarjetas de buenos hábitos de la pila de las 50 tarjetas. Una vez que hayan terminado las tarjetas, ponlas de nuevo en la pila original de las 50 tarjetas. La persona que tiene que terminar las 50 tarjetas todavía las tiene que terminar. ¡Qué importa si algunas se acaban de hacer! Nunca se puede limpiar el inodoro, la estufa o el piso de la cocina demasiado.

5. SI UN PADRE DE FAMILIA SIENTE QUE EN UNA OCASIÓN SE ENTREGARON UN NÚMERO EN EXCESO DE TARJETAS DE BUENOS HÁBITOS FUERON DADAS, ¿ES APROPIADO LA PRÓXIMA VEZ DAR UNA CANTIDAD DISMINUIDA DE TARJETAS? Una de las cosas muy buenas del sistema de FAMILIA es que tienda a limitar la influencia de las emociones cuando tiene que ver con las decisiones sobre la disciplina por parte de un padre de familia. Favor de notar que en ninguna parte de la sección que se trataba de las "Mecánicas de FAMILIA" leíste de que los "sentimientos" de los padres juegan una parte importante en decidir la cantidad de tarjetas que un niño recibe o no recibe. Otra vez, la cantidad de tarjetas de buenos hábitos se determinó antes y se puso entre paréntesis al lado de las reglas enumeradas. Cuando un niño o adulto rompe la regla, él o ella recibe la cantidad de tarjetas indicada junto a la regla. Ni más ni menos. Favor de implementar FAMILIA en la forma que te fue enseñado y no desvíes del programa debido a tus sentimientos. Si permites que tus sentimientos dicten tus decisiones, vas a socavar tu propia autoridad. También, si le das a un niño un escape una vez, los otros chicos también van a querer un escape. Si no les das el mismo escape, entonces te van a acusar de favorecerle a un niño más que a otro. Afiérrate al programa y pon tus sentimientos a un lado. Recuerda que es un trato de negocio. El negocio de ser padre.

6. ¿ESTÁ BIEN COMENZAR CON UNA CANTIDAD MÍNIMA, COMO DE 1 O 2 TARJETAS DE BUENOS HÁBITOS, Y AUMENTAR LA CANTIDAD DE TARJETAS POCO A POCO CON CADA OCURRIENCIA? Sí y no. Como mencioné en una respuesta anterior, por favor, comienza con un número bajo y aumente todo de ahí. Sin embargo, debes aumentar la cantidad de tarjetas con cada ocurriencia. Debes darles a tus niños un poco de tiempo para ver si su conducta se calma. Si hay una regla que sigue como problema después de haber pasado un poco de tiempo, habla con tu esposo/a y aumenta la cantidad de tarjetas. Recuerda, ambos tienen que estar de acuerdo antes de aumentar la cantidad de tarjetas de buenos hábitos.

7. POR EL HECHO DE QUE HAY QUE HACER ALGUNOS QUEHACERES CON MÁS FRECUENCUA QUE OTROS, ¿PUEDE UN PADRE DE FAMILIA SUSTITUIR QUEHACERES CUANDO SE SACAN LAS TARJETAS DE BUENOS HÁBITOS? Sí, pero solamente cuando se saca una "Tarjeta de Azar." De otra forma, sigue las tarjetas de buenos hábitos que se sacan. Favor de recordar de implementar el sistema de FAMILIA en una forma correcta y consistente. No te desvíes del programa sólo por el hecho de la conveniencia. Recuerda, si decides tener reglas, "Haz lo que se te pide en una forma inmediata sin quejarte," en tu lista, entonces sólo hay que pedir que terminen el quehacer. También, no se te olvide hacer una lista de quehaceres que se hacen todos los días y cada semana.

8. ¿ESTÁ BIEN TENER MÁS DE 50 TARJETAS DE BUENOS HÁBITOS EN UNA PILA? Sí. Puedes tener 500 tarjetas de buenos hábitos en una pila. Pero, ningún niño ni adulto debe tener más de 50 en total a la vez. Aprendí hace unas 800 familias que más de 50 se ve por parte de los niños como algo insuperable.

9. SI NOSOTROS COMO PADRES DE FAMILIA TENEMOS UN HORARIO MUY OCUPADO, ¿PODEMOS FIJAR UNA HORA ESPECIAL PARA TERMINAR LAS TARJETAS? No. Como expliqué anteriormente en el libro, los niños están encargados ahora de si van a tener restricciones o no y por cuánto tiempo. Cuando deciden romper una regla o de no terminar su quehacer, optan por tener sus propias restricciones. Cuando optan por la restricción, ellos tienen dos opciones: (1) terminar sus tarjetas de buenos hábitos de una vez, o (2) quedarse en su cuarto hasta que decidan salir de su cuarto para terminar las tarjetas de buenos hábitos. Favor de no dejar que tu vida ocupada socave tus prioridades como padre de familia. Reduce tu horario si hay interferenicas con tu responsabilidad más importante – tus hijos.

10. ¿SE PERMITE QUE LOS NIÑOS HAGAN SUS TARJETAS DE BUENOS HÁBITOS CUANDO ES LA HORA DE IRSE A LA CAMA? No. Si todavía tienen tarjetas sin terminar a la hora de irse a la cama, las tarjetas se guardan para el día siguiente. No permitas que tus niños manipulen la hora de irse a la cama. Va a ser motivación para que terminen sus tarjetas antes de dormir.

11. ¿CUÁL ES LA DIFERENCIA ENTRE EL ROMPER LAS REGLAS Y SACAR TARJETAS DE BUENOS HÁBITOS Y EL NO TERMINAR UN QUEHACER Y SACAR TARJETAS DE BUENOS HÁBITOS? Cuando un niño rompe una regla, tiene que recibir el número determinado de tarjetas de buenos hábitos indicado entre paréntesis junto al número de la regla. Cuando un niño no termina un quehacer, generalmente recibe una tarjeta de buenos hábitos por cada quehacer que queda sin terminar.

12. ¿DEBEMOS TENER UN TOTAL DE 55 TARJETAS, INCLUYENDO LAS TARJETAS DE AZAR Y LAS DE PERDÓN? Sí. Hay un total de 50 tarjetas que se pueden hacer. Este número incluye las "Tarjetas de Azar." Las "Tarjetas de Perdón" son cinco tarjetas adicionales entonces el número total de tarjetas es 55. Sin embargo, no haces una "Tarjeta de Perdón" porque simplemente permite que un niño o adulto sea liberado por esa tarjeta en particular.

13. SI HAY UNA FORMA LIMITADA DE RECIBIR LAS TARJETAS DE BUENOS HÁBITOS, ¿PUEDO CAMBIAR LAS REGLAS PARA PERMITIR QUE LOS QUEHACERES DIARIOS/DE LA SEMANA SEAN ADQUIRIDOS COMO TARJETAS DE BUENOS HÁBITOS? Como expliqué en el libro y en este capítulo de preguntas y respuestas, la mayoría de las familias dan una tarjeta de buenos hábitos por cada quehacer que quedó sin hacer. Algunas familias optan por dar dos tarjetas de buenos hábitos por cada quehacer que se queda sin hacer.

14. SI RECIBES VARIAS TARJETAS, PERO RECIBES UNA TARJETA DE PERDÓN, ¿DEBES CANCELAR EL RESTO DE LAS TARJETAS? No. Si recibes cinco tarjetas de buenos hábitos y una de esas tarjetas es una "Tarjeta de Perdón," entonces sólo recibes el perdón de esa tarjeta. Todavía tienes que hacer las otras cuatro tarjetas.

15. ¿QUÉ HAGO SI UN NIÑO ESCRIBE O DIBUJA EN UNA TARJETA DE BUENOS HÁBITOS? El jugar con el sistema de FAMILIA en cualquier forma resulta en el recibir las 50 tarjetas. ¡No deben de jugar con las listas, tarjetas ni fichas! ¡No! ¡No!

PREGUNTAS SOBRE LAS FICHAS DE AOB Y LAS FICHAS DE PREMIOS:

1. ¿PODEMOS PONER UN LÍMITE A LAS FICHAS DE AOB? Sí. Sin embargo, debemos intentar ser un poco más generosos al dar la recompensa a nuestros hijos por sus actos de bondad. En muchos casos, padres de familia se enfocan más en el comportamiento negativo y no prestan atención a los comportamientos positivos. Hazles saber que aprecias sus Actos Oportunos de Bondad.

2. ¿CUÁNTOS PREMIOS HAY QUE TENER EN LA LISTA Y PODEMOS TENER UNA LISTA SEPARADA DE PREMIOS PARA CADA HIJO? No hay un mínimo ni máximo en el número de premios como requisito en la lista. Es para tí decidir. Tienes que determinar cuánto tiempo y los recursos financieros que están disponibles para dar los premios. Sí, es posible tener listas separadas para tus hijos.

3. AL LEER EL LIBRO, NOTÉ ALGUNAS COSAS QUE NO SE MENCIONARON. MI PREGUNTA TIENE QUE VER CON LAS FICHAS DE AOB PARA LOS QUEHACERES DIARIOS. NUNCA LO MENCIONASTE (O NO NOS ACORDAMOS) ¿ASÍ QUE QUERÍA SABER SI DEBEMOS COMENZAR ESTA PRÁCTICA? No. El hacer los quehaceres diarios y semanales y el no romper las reglas se recompensa al final del día cuando reciben una ficha de FAMILIA antes de acostarse. Dales a tus hijos las fichas de AOB para los Actos Oportunos de Bondad – no para los requisitos de los quehaceres diarios y semanales (por ejemplo, nuestra hija atendió la cama de su hermano porque él voló de la casa esta mañana. Ella lo hizo por la pura bondad del corazón sin que nadie se lo pidiera. Ella recibe una ficha de AOB. Su hermano recibe tarjetas al regresar a la casa por no haber hecho su quehacer).

4. SI NO COMENZAMOS ESTA PRÁCTICA, ¿LES DAMOS RECORDATORIOS (LEE LA PREGUNTA No. 1)? ¿PODEMOS SUSTITUIR UN RECORDATORIO PARA UNA FICHA DE AOB O VICE VERSA? No. Favor de recordar que hay que implementar el sistema de FAMILIA en una forma correcta y consistente tal como se ha explicado. Las desviaciones de la organización y estructura de FAMILIA hacen que el programa fracace.

5. ¿DEBEMOS DARLES PREMIOS A LOS CHICOS POR RECIBIR BUENAS NOTAS AL IGUAL QUE LOS PREMIOS A UN CHICO CON UN TRASTORNO DE APRENDIZAJE? Otra vez, FAMILIA es flexible – no rígido. Puedes escribir reglas que aplican a las habilidades de aprendizaje únicas de ambos hijos según sea necesario. Sólo hay que asegurarte de que los dos estén de acuerdo antes de escribir la regla.

PREGUNTAS SOBRE LOS STRIKES:

1. ¿SI UN HIJO ES DESAFIANTE Y NO QUIERE CUMPLIR CON LA REGLA, EN QUÉ MOMENTO LLEGA A CONVERTIRSE EN UN STRIKE? Cuando un hijo sigue desafiando la autoridad de su padre por un período de tiempo extendido, corre el riesgo de recibir un strike. Favor de regresar a la sección que se trata de la "IA" y lee la diferencia entre un strike y un día malo. También, revisa la información sobre los tiros altos. En resumidas cuentas, si un hijo lo hace muy claro mediante el uso de lenguaje del cuerpo, palabras y acciones que Honolulu, Hawaii se va a congelar antes de que obedezca a mamá y papá, entonces recibe un strike. Habla con una tercera persona objetiva antes de darle un "strike" a tu hijo.

PREGUNTAS SOBRE LOS NIÑOS MENORES:

1. ¿ESTÁ BIEN NEGOCIAR QUE UN PADRE DE FAMILIA LE AYUDE A UN NIÑO CUANDO EL QUEHACER ES DEMASIADO DIFÍCIL PARA QUE LO HAGA UN NIÑO PEQUEÑO? Sí. No obstante, para evitar este problema, es una buena idea pensar en crear dos juegos de tarjetas de 50 tarjetas de buenos hábitos. Un juego de 50 tarjetas de buenos hábitos es para los niños mayores y los adultos. El segundo juego puede consistir de actividades que son más fáciles para que los niños menores las pueden hacer. En fin, está bien ayudar a limpiar la pileta las primeras dos veces, con tus hijos, y enseñarles cómo limpiarla. Después de las instrucciones al principio, ya pueden volar solos.

2. CON LOS NIÑOS PEQUEÑOS, ¿ES SABIO COMENZAR EN LOS PRIMEROS DÍAS A REPARTIR SOLAMENTE LAS FICHAS DIARIAS Y LOS PREMIOS ANTES DE COMENZAR A USAR LAS TARJETAS DE BUENOS HÁBITOS? ¡Sí! Hay que dejar que saborean lo dulce antes de lo amargo. Las fichas diarias, los premios y las fichas de AOB ayudan a que los chicos acepten el sistema de FAMILIA. Puedes hacerlo por hasta una semana. Después de este tiempo, hay que comenzar a repartir las tarjetas de los buenos hábitos.

3. AL ESCOGER EL NÚMERO DE TARJETAS DE BUENOS HÁBITOS, ¿SE DEBE DE TOMAR EN CUENTA LA EDAD DE LOS NIÑOS? No. El número de tarjetas de buenos hábitos se determina de antemano por los padres y se coloca entre paréntesis, al lado de los números de las reglas, en la lista de las reglas de la casa. Hay que recordar que es una buena idea comenzar con un número bajo (de 1 a 3 tarjetas) y aumentar de ahí. Sin embargo, hay que comenzar con una buena cantidad de tarjetas para las reglas más importantes (por ejemplo, Obedecer las leyes, locales, estatales, federales, del servicio militar, etc.). No te olvides de que es posible tener dos juegos separados de tarjetas de buenos hábitos: un juego de 50 tarjetas de buenos hábitos para los niños mayores y los adultos y un juego diferente de 50 tarjetas de buenos hábitos para los niños menores.

4. ¿QUÉ HACES CON UN NIÑO JOVEN QUE ROMPE LAS REGLAS CON INTENCIÓN SÓLO PARA RECIBIR OTRA TARJETA? Algunos niños disfrutan de hacer las tarjetas de buenos hábitos y les gusta la atención que reciben en el proceso. No te preocupes, la novedad de FAMILIA no dura mucho tiempo. Van a dejar de hacerlo. Una alternativa positiva es de decirles que pueden hacer los quehaceres domésticos sin romper las reglas. Puedes ofrecerles las fichas de AOB por hacer los quehaceres. Hazles recordar que pierden su ficha diaria si rompen las reglas o si no terminan los quehaceres. Al final, como mencioné anteriormente, si un niño sigue rompiendo una regla en específico repetidas veces, entonces, tienes que hablar con tu esposo/a para aumentar el número de las tarjetas de buenos hábitos.

5. ¿DEBE UN PADRE DE FAMILIA DARLE A UN NIÑO JOVEN TODAS LAS 50 TARJETAS DENTRO DEL PERÍODO DE UNA SEMANA SI SIGUE ROMPIENDO LAS MISMAS REGLAS? No debes de dejar que te manipule la culpabilidad. Si tu hijo merece recibir las 50 tarjetas, entonces hay que darle las 50 tarjetas. Deja que experimente las consecuencias naturales de sus decisiones. No le des una salida. De otra forma, le permites convertirse en un monstruo desafiante. Hazle recordar de los strikes y tiros altos.

6. ¿SE PUEDE AJUSTAR LAS TARJETAS PARA LOS NIÑOS MENORES Y PARA LOS NIÑOS MAYORES? Sí. Puedes tener un juego de tarjetas para los niños mayores y adultos, al igual que un juego para los niños menores. FAMILIA es flexible.

7. ¿SE CONSIDERA EL LLORAR SOBRE EL HECHO DE HABER RECIBIDO UNA TARJETA COMO ALGO MAL EDUCADO? ¡No! ¡El ser desafiante y mal educado se consideran como ser mal educado! Deja caer las lágrimas sin consecuencias; sin embargo, en ninguna forma debes de permitir que tu hijo te haga sentir culpable con sus lágrimas. Recuerda "las dos palabras que comienzan con ´C´" – la implementación correcta y consistente.

8. CUANDO ERA NIÑO, HABÍA CIERTAS CIRCUNSTANCIAS CUANDO NO PODÍA DEJAR DE LLORAR. ¡¡Yo también!! Yo lloraba mucho a veces. Todavía lo hago. No hay que repremir las lágrimas de tu hijo.

9. CUANDO LOS NIÑOS ESTÁN MUY CANSADOS, ¿DEBEN LOS PADRES TENER MÁS COMPASIÓN CUANDO SE PORTAN MAL? En mi caso, sé que puedo ser un refunfuñón a veces cuando tengo sueño. No obstante, el estar cansado o tener sueño no es un pretexto para el comportamiento inapropiado. Está bien usar tu sabiduría como padre de familia y perdonarles a tus hijos de vez en cuando. Pero por favor, ¡ten cuidado! Asegúrate de que no les perdones demasiado en una forma continua a tus hijos. Al final lo pueden tomar como una lección de que está bien comportarse así si están cansados. Tienen que controlar sus emociones, aún cuando están cansados.

10. ¿ESTÁ BIEN HACERLES RECORDAR A LOS NIÑOS DE SUS QUEHACERES O DEBEMOS MANTENER LAS BOCAS CERRADAS PARA QUE RECIBAN PRÁCTICA CON EL SER RESPONSABLES? Un poco de perdón al principio no les va a hacer daño, pero solamente en la primera semana de la implementación cuando mucho. Luego, cierra la boca para que aprendan ser responsables.

PREGUNTAS SOBRE LOS NIÑOS MAYORES/ADOLESCENTES:

1. SI TIENES UN JOVEN DE 18 AÑOS, QUE ES MADURO, QUE CUMPLE Y QUE ES OBEDIENTE, QUE NO TENÍA PROBLEMAS ANTES DE IMPLEMENTAR FAMILA, ¿DEBES HACER QUE SIGA EL SISTEMA DE FAMILIA, ESPECIALMENTE CON DOS NIÑOS MENORES EN LA CASA? Tu joven de 18 años es un adulto igual que tú. Tú eres mucho mayor y esperamos que fuiste maduro y que cumpliste bien antes de implementar FAMILIA en tu casa. Sin embargo, tú también vas a seguir el sistema de FAMILIA así que tu joven de 18 años lo debe de hacer también. Cuando tus hijos cumplen los 18 años, cambian de un estado de hijo a inquilino. Si el inquilino no obedece las reglas del dueño, se queda expulsado de la casa. Después de que el joven de 18 años se gradue de la escuela preparatoria, ya no recibe las fichas diarias ni las fichas de AOB, pero sí recibe tarjetas de buenos hábitos. Al final, si tu joven de 18 años sí es maduro, cumple y es obediente, él o ella no va a tener problemas siguiendo el sistema de FAMILIA al igual que tú. De otra forma, si hay un problema con seguir el sistema de FAMILIA, parece que al final el joven no era maduro, cumplido y obediente.

2. ¿HAY ALGÚN PELIGRO EN EL HECHO DE QUE LOS PADRES USEN SU AUTORIDAD PARA DESAFIAR LOS DESEOS DE UN ADOLESCENTE MAYOR QUE ES BRILLANTE Y RESPETUOSO ESFORZANDO QUE OBEDEZCA? ¿Me estás bromeando, verdad? Favor de cambiar la pregunta al reverso. ¿Hay algún peligro en permitir que un adolescente mayor que es brillante y respetuoso desobedezca sus padres? Si este joven es en verdad respetuoso, entonces en realidad no debe haber una preocupación. Van a obedecer de una forma natural.

3. ¿A QUÉ EDAD DEBEMOS DEJAR QUE LOS NIÑOS PERSIGAN SUS PROPIOS INTERESES? Debes ayudarles a perseguir sus propios intereses desde el momento en que son niños pequeños. Deja que exploren durante sus años en la casa mientras que todo sea legal, ético y moral. No obstante, si sus propios intereses son alcohol, drogas, sexo y las pandillas, tienes que ponerte firme.

4. ¿DEBES TENER DIFERENTES REGLAS CON RESPECTO AL USO DEL TELÉFONO PARA DIFERENTES NIÑOS, SEGÚN SU NIVEL DE CUMPLIMIENTO, EL HABER SACADO BUENAS NOTAS, ETC.? Como explicamos anteriormente en el libro, FAMILIA es un marco como esqueleto de organización y estructura. Tú tienes la oportunidad de poner la carne y piel para reflejar tus morales y valores únicos. No hay dos familias que sean iguales. FAMILIA es flexible – no rígido. Si quieres formar una regla de familia con tu esposo/a que cubre el asunto aquí, ¡adelante! Puedes escribir una regla de cualquier forma con tal de que ambos padres estén de acuerdo.

5. ¿DEBEMOS DAJAR DE IMPLEMENTAR EL SISTEMA DE FAMILIA A LA EDAD DE LOS 18 AÑOS AUNQUE EL HIJO TODAVÍA ASISTE A LA ESCUELA PREPARATORIA Y VIVE EN LA CASA? Anteriormente en el libro, hablé de tomar la medicina hasta que se acabe. Favor de recordar, el medicamento no se acaba hasta que el último hijo cumple los 18 años, se gradua de la escuela preparatoria y sale de la casa. A los 18 años, sin importar si se haya graduado de la escuela preparatoria o no, él o ella se convierte en inquilino/a también. Si el/la joven sigue desobedeciendo, ¡hay que expulsarlo/a de la casa! No puedes permitir que el/la joven de 18 años sea un mal ejemplo para los niños más jóvenes.

6. TUVIMOS UN INCIDENTE HOY DONDE UNO DE LOS HIJOS DEJÓ BASURA EN LA OFICINA. CUANDO PREGUNTÉ A CADA UNO DE LOS MIEMBROS DE LA FAMILIA, CADA UNO RESPONDIÓ QUE ÉL O ELLA NO HABÍA TIRADO LA BASURA EN LA OFICINA. AL TOMAR EN CUENTA LA FALTA DE USO QUE TIENE LA OFICINA, ESE PAPELITO PODRÍA HABER ESTADO ALLÍ POR VARIOS DÍAS Y, CONOCIENDO A MI FMAILIA, ES VERDAD QUE ALGUIEN NO SE ACUERDA DE HABERLO DEJADO. ¿QUÉ HAGO? ¿LES DOY A TODOS UNA TARJETA O LO DEJO PASAR? Déjalo pasar. Practica el perdón y la sabiduría con respecto a este asunto. Si fuera salsa de tomate en todas partes de la cocina en el piso y todo, a lo mejor vas a querer insistir mucho más – pero no para un papelito tirado hace unos días. Hay que escoger las batallas con sabiduría.

7. CUANDO UN NIÑO NO SE ESTÁ PORTANDO BIEN, HA ROTO UNA DE LAS REGLAS Y QUIERE HABLAR Y EXPLICAR O HACER PREGUNTAS, ¿LE PERMITO QUE HABLE O LE HAGO ESPERAR HASTA LA REUNIÓN FAMILIAR DE LA SEMANA? Ésta es otra oportunidad para usar tu sabiduría, perdón y descreción como padre de familia. Si tu hijo es un mocoso desafiante que sólo quería entrar en una discusión no respetuosa, entonces haz que el niño espere hasta haber terminado de hacer las tarjetas de buenos hábitos. Si él o ella no recibe y hace las tarjetas de buenos hábitos con respecto, debes seguir duplificándolas hasta que él o ella muestre respeto, pero no se te olvide dar un descanso de 10 minutos entre las ocasiones de duplificarlas. En la otra mano, si tu hijo es maduro y responsable y no normalmente querría hablar de su comportamiento, entonces es mejor escucharlo/a por unos minutos – no horas. Es posible que hayas cometido un error en el juicio. Sé justo, pero no debes de facilitar la falta de respeto para con un padre de familia.

PREGUNTAS SOBRE LAS CONSECUENCIAS DE LOS PADRES:

1. ¿PUEDE UN PADRE DE LA FAMILIA RECIBIR RESTRICCIONES? Sí. Si un padre de familia rompe una regla de la familia, entonces él o ella recibe la restricción hasta haber terminado las tarjetas de buenos hábitos. El padre de familia tiene que estar trabajando en las tarjetas o estar sentado en su cuarto hasta estar listo/a de cumplir con las tarjetas.

2. ¿QUÉ PASA SI UN PADRE DE FAMILIA PIDE QUE SE REALICE UN TRABAJO EN FORMA INMEDIATA LO CUAL HACE QUE TODOS LOS DEMÁS ROMPAN UNA REGLA O MÁS, COMO LA DE LLEGAR A TIEMPO? Si un padre de familia impone algo que hace que todos rompan una regla, como la de llegar a tiempo, entonces nadie ha roto la regla. De otra forma, tendríamos un padre de familia injusto e incosistente que está dirigiendo las actividades y necesitaríamos una visita otra vez con la realidad.

3. ¿DEBE SER UNA INFRACCIÓN MENOR EL NO PARAR COMPLETAMENTE EN UNA SEÑAL DE ALTO SI NO IBAS MUY RÁPIDO? La ley es la ley. Un policía daría una multa por algo así en todas partes menos Nueva Jersey. En Nueva Jersey, los choferes manejan aún más rápido en las calles que no son principales y pasan las señales de alto sólo para alcanzarte y pasarte. En Nueva

Jersey, no saben lo que significa la palabra "alto o pare". Si tus padres tienen una regla en la lista que se trata de obedecer las leyes, entonces recibirás el número de tarjetas de buenos hábitos que se halla entre paréntesis junto a la regla enumerada. Los padres de familia reciben tarjetas también aún si pasan de largo por una señal de alto.

4. SI UN PADRE DE FAMILIA RECIBE UNA RESTRICCIÓN, ¿PUEDE RECIBIR UNA LLAMADA DE LARGA DISTANCIA DE MAMÁ? No. El padre que recibió la restricción tiene que terminar las tarjetas de buenos hábitos primero o sentarse en su cuarto hasta que haya decidido terminarlas. No puede hablar por teléfono hasta haber terminado las tarjetas.

5. ¿TIENEN QUE PASAR POR EL TRATAMIENTO RESIDENCIAL A LARGO PLAZO LOS PADRES DE FAMILIA? No. El tratamiento residencial a largo plazo es solamente para los jóvenes que desobedecen a sus padres una y otra vez. Sin embargo, he conocido a varios padres de familia que les encantaría pasar tiempo en tratamiento residencial a largo plazo.

PREGUNTAS SOBRE DOS CASAS DEBIDO A UN DIVORCIO:

1. ¿QUÉ DEBEMOS O PODEMOS HACER PARA HACER QUE LA TRANSICIÓN PARA MI HIJO SEA MÁS FÁCIL SI EL SISTEMA DE FAMILIA YA SE ESTÁ IMPLEMENTANDO EN LA CASA DE MI EX-ESPOSO/A? ¡Una muy buena pregunta! Desafortunadamente, los divorcios no son buenos para nadie, especialmente los niños. Al final son ellos que tienen que cambiarse entre dos casas y reciben un montón de mensajes mezcaldos. Todo esto llega a complicarse cuando el/la ex-esposo/a se están peleando. Los niños son los que están entre todos. Afortunadamente, he trabajado con varios/as ex-esposos/as que estaban dispuestos a ser cordiales por la necesidad de los niños. He tenido un número suficiente de familias mezcladas en mi práctica privada y en mis talleres que han trabajado juntos para crear una lista de reglas que se aplican de la misma forma en ambas casas. Como resultado, los niños reciben mucha más consistencia entre las dos casas y la transición llega a ser más calma. Si puedes pasar por asesoría y evitar un divorico, hazlo por favor. Si no, favor de trabajar juntos con tu ex-esposo/a para desarrollar una lista de reglas de FAMILIA que se implementarán en ambas casas.

2. EN UNA SITUACIÓN DE DOS CASAS, ¿QUÉ PASA SI UNAS 30 TARJETAS SON IGUALES, SE PUEDE LLEVAR LAS OTRAS 30 TARJETAS A LA OTRA CASA? Sí. La consistencia entre las dos casas es un requisito para el bien de los niños. Si se puede mantener una relación cordial con tu ex-esposo/a para el bien de los niños, hazlo por favor. De esta forma tus hijos no pueden dividir para conquistar.

3. EN UNA SITUACIÓN DIVORCIADA (DE DOS FAMILIAS), ¿PODRÍA UN NIÑO RECIBIR DOS TARJETAS EN UNA CASA, Y TERMINAR SACANDO 50 TARJETAS EN LA OTRA CASA TAMBIÉN? Si ambos padres de familia están trabajando juntos para mantener la consistencia entre las dos casas, entonces la respuesta a esta pregunta es sí. Simplemente llevas tus 50 tarjetas a la casa del otro padre de familia y trabajas con ellas ahí o te quedas en el cuarto. No obstante, si ambos padres están usando el sistema de FAMILIA pero no están trabajando juntos para mantener la consistencia entre las dos casas, entonces la respuesta a esta pregunta es no. Desafortunadamente, vas a tener que hacer las 50 tarjetas en las dos casas.

PREGUNTAS SOBRE LOS PADRES DE FAMILIA QUE SON SOLTEROS/AS:

1. ¿FAMILIA ES SÓLO PARA LAS PAREJAS CASADAS O LOS PADRES SOLTEROS/AS TAMBIÉN LO PUEDEN IMPLEMENTAR? Pido disculpas. Sé que sigo hablando en términos de parejas o matrimonios. Sí. Los padres solteros/as pueden implementar FAMILIA en su casa con el mismo nivel de éxito que un matrimonio. Favor de suponer que todo lo que escribo sobre los matrimonios se puede aplicar en tu situación también. Sin embargo, ya que no tienes un/a esposo/a con el que puedes consultar, debes considerar consultando un adulto cuyo juicio respetas mucho (como un vecino, miembro de la familia, compañero de trabajo, pastor, rabino, lechero, etc.).

UNA PREGUNTA SOBRE EL HECHO DE FIJAR UNA FECHA PARA UN TALLER DE FAMILIA:

1. ¿CÓMO HAGO PARA FIJAR UNA FECHA PARA TENER UN TALLER DE FAMILIA EN MI COMUNIDAD? Ponte en contacto conmigo en mi número de la práctica privada, dirección de correo electrónico o el sitio de Internet mencionado anteriormente. Revisa el sitio de Internet porque a lo mejor ya hay un grupo de FAMILIA establecido en tu comunidad. Si quieres iniciar un grupo de apoyo, lo pondremos en el sitio de Internet de Reglas de FAMILIA.

PREGUNTAS SOBRE LOS "CONSEJEROS DE REGLAS DE FAMILIA":

1. NOS GUSTARÍA QUE NUESTRO TERAPISTA LLEGARA A SER UN "CONSEJERO DE REGLAS DE FAMILIA." ¿CÓMO PODEMOS HACER PARA QUE ESTO OCURRIERA? Haz que tu consejero se ponga en contacto conmigo en el número de la oficina de FAMILY Rules, Inc. (1-541-956-8585), a la dirección de correo electrónico (drj@family-rules.com), o haz que tu consejero visite el sitio de Internet (www.family-rules.com).

2. ESTAMOS VISITANDO CON UN CONSEJERO Y NOS GUSTARÍA IMPLEMENTAR REGLAS DE FAMILIA EN NUESTRA CASA. ¿QUÉ HACEMOS SI NUESTRO CONSEJERO RECOMIENDA QUE NO LO HAGAMOS? Tu consejero conoce mejor tu situación familiar mejor que yo. Favor de revisar los capítulos 4 al 7 con tu consejero. Si hay asuntos sin resolver en tu vida, matrimonio, o familia, es mejor esperar la implementación de FAMILIA en tu casa. No obstante, después de todo, estamos en los Estados Unidos y tienes la libertad de escoger. Si tu consejero se inclina hacia la dirección de lo de ser padre democrático, puedes optar por ver a un consejero que ofrece un acercamiento diferente. Es tu derecho como consumidor.

Parte 4
Apéndices

A Cómo Llegar a Ser un Consejero de Reglas de FAMILIA

Si usted es un clínico con licencia (como LMFT, Trabajador Social Clínico, Sicólogo, Siquiatra, etc.) y/o un clérigo ordenado y quiere llegar a ser un "Consejero de Reglas de FAMILIA," favor de ponerse en contacto con Dr. Matthew A. Johnson através de las siguientes opciones:

Número de la oficina: 1-(541)-956-8585
Correo electrónico: drj@family-rules.com
Número de Fax: 1-(541)-955-7165

¿Cuáles son los beneficios de llegar a ser un "Consejero de Reglas de FAMILIA?" Bueno, para comenzar, puede recibir capacitación muy práctica que le ayudará a enseñar la organización y estructura que la mayoría de las familias necesitan. Segundo, como "Consejero de Reglas de FAMILIA," ponemos su nombre en la página de referencias en el sitio de Internet de Reglas de FAMILIA. Los que leen el libro, Reglas de FAMILIA, van a poder tener acceso al sitio de Internet y van a ver su nombre y la dirección de sua oficina. Va a poder tener un enlace del sitio de Reglas de FAMILIA a su propio sitio, con tal de que su sitio sea ético y se ha hecho en buen gusto. Al final, va a poder hacer que las familias circulen por su oficina más rápidamente (2-6 meses) que les va a dar mucho gusto a las compañias de atención manejada. Las sesiones prolongadas se convertirán en algo del pasado. Sí, en un principio esto va a comer un poco de las ganancias en el negocio; pero, la cantidad aumentada de referencias que recibirás como resultado generalmente recupera lo que perdió.

La capacitación consiste de un taller de seis horas. El Dr. Matthew A. Johnson puede viajar a su comunidad y capacitar a varios clínicos y/o clérigos o usted puede ponerse en contacto con él y viajar con un grupo de clínicos y/o clérigos a Grants Pass, Oregón. Esto podría ayudar a recibir un descuento de los impuestos como parte de unas vacaciones a Oregón. ¡La pesca es buena y hay muchas montañas que subir! Mucho para ver y hacer. Hable con su contador sobre las leyes de los impuestos.

B-1 *Un Testimonio de un Padre de FAMILIA*

LE DIJE AL DR. JOHNSON que estaría encantada de escribir un testimonio acerca de FAMILIA, así que ahí va: Cuando me enteré de que estaba embarazada con mi primer niño, juré que les criaría a mis niños y reaccionaría de una forma diferente a la que hicieron mis padres conmigo. Siempre puedo recordar cuando era niña de estar sentada con mi hermano en el asiento de atrás en en coche. Todo comenzaba con el hecho de que mi hermano me soplaba y luego yo le daba con el punto del dedo y él comenzaba a chirriarse. En algún momento durante este conflicto, mi madre, que iba manejando, mantenía una mano en el volante y movía la otra para ver qué alcanzaba pegar. En particular, yo notaba las venas en el cuello y como ésas le salían. Me dije, yo nunca haría lo mismo con mis hijos.

Unos treinta años más tarde, me encontré haciendo exactamente lo mismo. A pesar de haber leído Intenta Dar Disciplina y de haber pasado por un buen número de talleres para ser padres de familia, vi que yo era la que tenía las venas saliendo del cuello y parecía que tenía que repetir todo diez veces porque los niños parecían tener un trastorno del oído. Me sentía como que nadie apreciaba lo que hacía y no importaba lo que pasaba pero todo se juntaría emocionalmente hasta el punto en que yo explotaría y me enojaría con mis hijos. También noté que mi esposo tenía otro juego de reglas con sus castigos. Parecía que él se desharía por las cosas pequeñas que los niños hacían debido a las tonterías de la niñez, pero para las cosas grandes, como la desobediencia de voluntad, no merecían consecuencias severas.

Yo, honestamente, me sentía como una servienta que limpiaba todo y nadie más parecía respetar el trabajo que yo hacía en la casa. Luego había la falta de respeto de cada niño para con su hermano. Sabía que tenía que haber una manera de enseñarles la responsabilidad a mis hijos, tanto en la casa como en términos de su comportamiento. Era entonces que asistimos a un taller de FAMILIA. ¡Te digo que nuestras vidas han cambiado!

Primero, te voy a decir que no era nada fácil. Requiere de compromiso y consistencia – especialmente por parte de los padres que tienen que trabajar como equipo. Sin embargo, siento que puedo decir que soy una madre justa y objetiva. Cualquier "castigo" que mis hijos reciben ha sido el resultado de sus propias manos. Me he podido alejarme un poco, señalar las reglas de la casa, y poner la responsabilidad para las cosas difíciles en los hombros de los niños. Mi casa nunca había estado tan limpia y siento que mis hijos, tanto los niños como las niñas, están aprendiendo habilidades para toda la vida que van a necesitar para cuando tengan que vivir solos (como el cocinar, limpiar, lavar, etc.). Están aprendiendo a interactuar entre sí y no reaccionar a las acciones de sus hermanos. Nuestra casa ha sido un lugar de paz, mi esposo y yo estamos más unidos, y nuestros hijos han crecido gracias a la implementación de FAMILIA en nuestra casa. Las venas en mi cuello ya no salen y siento que soy mejor como padre de familia que fui hace nueve meses.

El punto final que quería señalar es que mis hijos saben que hay consecuencias para sus descisiones de comportamiento. Ellos se hacen responsables por sus propias acciones y no echan la culpa a los otros. Esto, para mí, es lo más básico de formar carácter. FAMILIA nos ha unido como fmailia y me está ayudando a criar hombres y mujeres, no niños y niñas.

B-2 *(Una Perspectiva de un Adolescente)*

Antes de que yo fuera al tratamiento residencial a largo plazo en Paradise Cove en Samoa del Oeste, yo explotaría con rabia con cualquier cosa. Yo atribuía esto a las drogas, que tomaba todos los días durante el último verano antes de salir para Paradise Cove. Robaba dinero de la casa. Fumaba marijuana y tomaba mucho. Mis padres no sabían lo que estaba haciendo. También había fumado cigarillos por como seis años. No me importaba nada. Cuando algo no sucedió como yo quería, me enojaba y golpeaba diferentes cosas y salía corriendo. Mi hermano mayor y yo nos peleábamos mucho. Cuando él les contaba a mis padres que estaba fumando, bajé a mi cuarto, agarré un bate de béisbol y le pegué tres veces. Mi mamá había llamado a la policía, y nos peleamos hasta que llegaron. Pasé la noche en la cárcel, puesto que me habían cargado formalmente con un pleito. Me expulsaron de la esuela a causa de las drogas. Eso era el centro de mi vida.

Cuando mis padres primero me mandaron al tratamiento residencial a largo plazo, yo estaba tan furioso con ellos que quería que se murieran o algo así. No podía ver las cosas que yo estaba haciendo cuando les gritaba. Sólo hacía que los odiaba más. Al salir de la casa bajo escolta y saliendo por la puerta principal de la casa de mis padres para subir al avión, les grité que los odiaba y que nunca me volverían a ver.

Al estar en Paradise Cove en Samoa del Oeste, aprendí mucho del dolor que yo había causado a mis padres y el dolor que yo no trataba yo mismo. Todo esto me abrió para ver y cambiar lo que hacía para hacer que mi vida fuera mejor. Me ayudó a ver que yo no tenía que ser una persona fracasada y con problemas. Podía vivir una vida feliz y tratar las cosas que me molestaban en otra forma.

Desde que llegué de regreso hace unos tres meses, las cosas me han ido bien y estoy recuperando más y más confianza cada día. Estoy feliz por primera vez. Estoy formando relaciones fuertes cada día y nos llevamos bien. Me estoy divirtiendo con mi familia.

Bueno, ahora les doy gracias a mis padres por haberme mandado allí y por haberme amado tanto como para hacerlo. Sé que era muy difícil para que me enviaran ahí como fue para que yo estuviera allí. Después de todo, los quiero mucho por haberlo hecho. El participar en tratamiento residencial a largo plazo me salvó la vida. Yo me iba por la vía rápida hacia el pozo varias veces. Casi me morí. Casi me morí a causa del alcohol y por haber manejado bajo la influencia de drogas; también por el simple hecho de haber fumado cigarrillos (los cuales dejé de fumar).

Pienso que si tu hijo se halla fuera de control en tus ojos entonces sería una buena idea, tanto para tu hijo como para los padres, que tu hijo fuera internado en este tipo de tratamiento. Sé que hay también cosas que no puedes o no quieres ver que tu hijo haga. Hay mucho de lo que no sabes o no te has dado cuenta de lo que sí está haciendo. Podrías salvarle la vida a tu hijo y mejorar tu vida. Puedes ayudarle a tu hijo.

B-3 *(Una Perspectiva de un Adolescente)*

Quierdo Dr. J –

¡Te odio! Me arruinaste la vida y mi persona.

¿Has recibido una carta así de alguien que acompañaste a un programa? Voy a ser honesto, yo quería escribir una carta así, pero supongo que nunca alcancé hacerlo. Y qué bueno que no lo hice. Este programa me ha ayudado mucho y ya no lamento haberlo asistido.

De todas formas, conocí al víctima más reciente que trajiste. ¿Sabes qué? Es parte de mi familia. Lo recuerdo de la casa también. No nos llevábamos tan bien, pero desde que he cambiado parece que nos llevamos bien ahora.

¿Así que cómo van las cosas contigo? Todo me va bien. Todavía al nivel 3. Sigo decidiendo no asistir el Taller de Responsabilidad, pero voy a tener otra oportunidad pronto, y esta vez voy a salir mejor. Fui asistente al Líder de Nuestra Familia por un tiempo que me ayudó mucho, pero ya no ocupo esta posición, que está bien conmigo.

Bueno, es todo por ahora. Sólo quería escribir para decir "hola." ¡Adiós! ¡Qué tengas un buen Día de Acción de Gracias!

Tu Amigo,

(No incluyo el nombre para proteger la confidencialidad.)

C Una Lista de Muestra de Reglas de FAMILIA

Las Reglas de FAMILIA de (Inculir el nombre de la familia aquí)

Tarjetas de Buenos Hábitos

(50) 1. Obedece todas las leyes locales, estatales, federales y del servicio militar.

(1) 2. Haz lo que se te pide inmediatamente sin quejarte.

(1) 3. "¡No!" Significa "¡No!" Así que no preguntes otra vez.

(1) 4. No interrumpas a otros. Espera tu turno para hablar.

(10) 5. Trata a personas y animales con respeto (por ejemplo, no se permite el maltratamiento verbal ni físico de otros).

(3) 6. Obedece todas las personas de autoridad en la casa, escuela, iglesia, sinagoga y en la comunidad.

(2) 7. Cuando estás enojado, habla con un adulto. No lleves tu rabia a acciones inapropiadas.

(1) 8. No se permiten las expresiones de la cara o del cuerpo que sean inapropiados.

(5) 9. No robarás (el usar sin el permiso de otra persona es robar).

(10) 10. Tienes que recibir permiso de un padre de familia para salir a hacer algo, no importa cuando.

(10) 11. Tienes que quedarte en donde recibiste permiso para ir. Si los planes cambian, llama y pide permiso a tus padres.

(50) 12. Nunca saldrás corriendo de ninguna parte a menos que te hayan secuestrado y/o te encuentras en peligro.

(3) 13. No se permiten las palabrotas o el hablar de temas inapropiadas.
(10) 14. El cuarto de los padres queda fuera de los límites. Toca la puerta para pedir permiso antes de entrar.
(2) 15. No se permite escuchar a conversaciones privadas de los padres de familia.
(20) 16. No se permiten las mentiras, el andar a escondidas para que nadie sepa lo que haces, ni el hacer trampas (la conducta dishonesta no será tolerada).
(50) 17. No se permite la destrucción de propiedad – sin importar a quién le pertenece.
(5) 18. No se puede levantarte durante la noche para comer, mirar la televisión o para usar el teléfono o la computadora.
(2) 19. No se puede comer ciertas comidas cuando se ha explicado que no se puede comer.
(30) 20. No se permite jugar con los cerrillos ni encendedores (el uso de tales artículos se hace únicamente con el permiso de un adulto).
(2) 21. No malgastes tu tiempo en el baño ni cierres la puerta con llave para que otros no entren. Sé considerado.
(5) 22. Participa de una forma apropiada en las devociones y reuniones de la familia (sin hacer bromas ni burlarte).
(10) 23. No uses el teléfono ni computadora sin el permiso y la supervisión de los padres.
(2) 24. No hagas que otros te tienen que esperar cuando es hora de salir a un lugar. Llega a tiempo.
(20) 25. No te pongas maquillaje ni joyería sin el permiso de los padres de familia.
(1) 26. Siempre duerme con una sábana puesta en la cama. Nunca te duermas con la ropa de la calle puesta.
(1) 27. No dejes platos, comida ni basura en la sala ni en tu cuarto.
(1) 28. Come en una forma educada.
(50) 29. No se permite ninguna actividad sexual con otra persona a menos que estén casados.
(10) 30. Sigue todas las reglas de la escuela, obedece todo el personal de la escuela, y llega a tiempo a la escuela y a todas las clases.
(5) 31. No escuches a música inapropiada ni mires a videos ni películas inapropiadas.
(5) 32. No finjas que estás enfermo ni insistas en no ir a la escuela.
(10) 33. Trae toda la tarea a la casa de la escuela. ¡No te olvides!
(10) 34. Haz toda la tarea a tiempo y entrégala a tiempo.

(2) 35. No dejes ropa, zapatos, cubiertos para comer ni otros artículos personales en la escuela.

(10) 36. Obedece todas las reglas del autobús para ir a la escuela.

(5) 37. Pórtate en una forma apropiada en la iglesia/sinagoga y sigue las instrucciones de los padres de familia. Siéntate con los padres en la iglesia/sinagoga.

(2) 38. Pórtate bien en el coche. No juegues ni dentro de ni encima del coche.

(1) 39. Termina todos los quehaceres diarios y de la semana a tiempo.

(3) 40. Asiste a todas las citas fijadas a tiempo sin quejarte.

(10) 41. Toma todos los medicamentos según las recetas.

(➛) 42. Recibirás los siguientes premios y consecuencias para las notas de la escuela: A+=$8; A=$7; A-=$6; B+=$5; B=$4; B-=$3; C+=$2; C=$1; C-=$0; D+=4 tarjetas; D=8 tarjetas; D-=12 tarjetas; F=20 tarjetas.

(➛) 43. Los toques de queda durante el año escolar: las 9:00 de la noche (las noches de Dom. a Juev.) y 11:00 de la noche (las noches de Viern. Y Sáb.). Los toques de queda durante el verano son: las 10:00 de la noche (las noches de Dom. a Juev.) y la medianoche (las noches de Viern. Y Sáb.). Recibirás 5 tarjetas por los primeros 15 minutos que llegas tarde. Después de 15 minutos, recibirás una tarjeta por cada minuto que llegas tarde. El reloj de la VCR es el reloj oficial.

(10) 44. No se puede golpear, patear, rasguñar, empujar, pelear, etc. Si hay varios que se están discutiendo y/o peleando, todos los que están involucrados recibirán tarjetas. Los padres de la familia no serán detectives.

(50) 45. Cualquier intento de jugar con las reglas de familia, las tarjetas de buenos hábitos, las listas de los quehaceres diarios y de la semana, y/o la lista de premios resultará en recibir las 50 tarjetas de buenos hábitos.

D Una Lista de Muestra de las Tarjetas de Buenos Hábitos

Las Tarjetas de Buenos Hábitos

1. Limpia la pileta y los azulejos en el baño del primer piso.
2. Limpia la pileta y los azulejos en el baño del segundo piso.
3. Limpia el inodoro del baño del primer piso.
4. Limpia el inodoro del baño del segundo piso.
5. Limpia el piso y la pared en el baño del primer piso.
6. Limpia el piso y la pared en el baño del segundo piso.
7. Limpia el lavaropa y secaropa.
8. Limpia el refrigerador.
9. Sacude el polvo y pule todos los muebles de la sala.
10. Sacude el polvo y pule todos los muebles del comedor.
11. Limpia las ventanas en la sala.
12. Limpia las ventanas en el comedor.
13. Limpia las ventanas en los cuartos.
14. Limpia el congelador.
15. Pasa la aspiradora en la sala.
16. Pasa la aspiradora en los cuartos.
17. Barre y pasa el trapo en el piso de la cocina.
18. Limpia el interior del coche de mamá.
19. Limpia el interior del coche de papá.
20. Lava el coche de mamá.
21. Lava el coche de papá.
22. Limpia el área para estacionar el coche de nieve/hojas/tierra.
23. Haz veinticinco flecciones y veinticinco abdominales.

24. Haz cincuenta buscapiés.
25. Saca todos los videos del gabinete. Límpialos y sacude el polvo y devuélvelos.
26. Limpia el área para estacionar el coche de un vecino de nieve/hojas/tierra.
27. Sacude el polvo y limpia el área de la chimenea.
28. Levanta la caquita del perro y tírala a la basura.
29. Lava, seca y guarda los platos.
30. Limpia el microondas (la parte interior y exterior).
31. Limpia todos los espejos en la casa.
32. Limpia el hielo y la nieve de las veredas.
33. Sacude el polvo de todos los cuadros.
34. Sacude el polvo de todos los libros.
35. Escribe, "No voy a romper las reglas" (100 veces).
36. Haz un quehacer diario de un hermano.
37. Limpia y pule los cubiertos.
38. Limpia todos los lavabos de la casa.
39. Escribe un ensayo de dos páginas sobre el por qué no deberías de haber roto la regla que acabas de romper.
40. Quita las sábanas y cobijas de la cama. Lávalas y sécalas. Ponlas de vuelta en tu cama.
41. Quita las sábanas y cobijas de la cama de tus padres. Lávalas, sécalas y ponlas de vuelta en su cama.
42. Pasa la asipiradora en el pasillo y las escaleras.
43. Limpia el piso de la lavandería.
44. Limpia el garaje.
45. Escribe una carta a un miembro de la familia extendida (como la abuela, el abuelo, una tía, un tío, primo, etc.).
46. Prepara un pastel o una receta de galletas.
47. Sácale al perro a caminar.
48. Dale un baño al perro.
49. Sacude el polvo de los calefactores.
50. Arregla bien el closet para los abrigos/las botas.

E *Una Lista de Muestra de los Quehaceres*

Quehaceres Diarios

1. Come el desayuno antes de ir a la escuela o antes de salir con los amigos en los fines de semana.
2. Atienda la cama en la mañana antes de salir a la escuela o antes de salir de la casa en los fines de semana.
3. Lávate los dientes y péinate en la mañana antes de salir a la escuela.
4. Dúchate cada noche antes de dormir y usa locción en la piel para que no se te seque.
5. Dale de comer y dale agua al perro /a la gata an tes de las 5:00 de la tarde.
6. Lava los platos inmediatamente después de la cena.

Quehaceres de la Semana

1. Limpia tu cuarto y pasa la aspiradora antes de las 12:00 del día del sábado.
2. Saca la basaura a la calle los jueves en la noche antes de dormir (pasan a recoger la basura en la mañana del viernes).
3. Prepara la cena para las 5:30 de la tarde el martes.
4. Corta la leña y ponla en pilas inmediatamente después de la escuela el lunes. Tienes que terminar antes de comer la cena.

F Una Lista de Muestra de los Premios

Fichas	**Premios**
(2)	1. Un helado en la tienda de helados que quieras.
(3)	2. Un video.
(25)	3. Una fiesta de pizza con cinco amigos.
(15)	4. Una fiesta donde los amigos pasan la noche.
(70)	5. Unos zapatos Nike.
(12)	6. Un CD (tiene que ser aprobado por un padre de familia).
(7)	7. El salir a patinar.
(10)	8. Una gorra.
(40)	9. Un concierto con un amigo.
(15)	10. Un partido de béisbol con un amigo.
(15)	11. Un partido de hockey con un amigo.
(25)	12. Una cena en tu restaurante favorito.
(100)	13. Una bicicleta.
(➔)	14. Un juguete (8 fichas por cada $10 dólares del precio de cada juguete).
(200)	15. Un viaje solo a la casa de un pariente en los Estados Unidos.
(30)	16. Un viaje para pescar.
(600)	17. Una máquina para andar en la nieve.
(200)	18. Tu propio cuarto.
(10)	19. Una extensión de tu toque de queda, dado que la extensión sea conforme a la ley.
($)	20. Dinero en una cantidad determinada por los padres de familia.

G Tratamiento Residencial a Largo Plazo

Instituciones/Casas de Grupos Opcionales de Tratamiento Residencial a Largo Plazo

Child Placement Directory (Directorio para Colocar a los Jóvenes)
Teléfono: 1-530-292-9580
Correo electrónico: cpd@gv.net
Internet: www.childplacement.com

Find a Therapist.com (Para encontrar un terapista)
Teléfono: 1-(800)-865-0686
Correo electrónico: info@find-a-therapist.com
Internet: www.find-a-therapist.com

Focus on the Family (Enfoque en la familia)
Una organización cristiana que proporciona recursos educacionales para ayudarles a los padres a criar a sus niños. También proporcionan información de referencias para ayudarte a ponerte en contacto con consejeros cristianos en tu área. Cuando llamas, pide que te pongan en contacto con el departamento de consejeros.
Teléfono: 1-(800)-232-6459
Internet: www.family.org

Catálogo Gratis de Tratamientos y Programas para los Jóvenes
Teléfono: 1-(800)-637-0701
Internet: www.teentreatment.com

The Fold, Inc. (El Rebaño)
Una casa cristiana de grupo para muchachos y muchachas, de 13-17 años. Los jóvenes no pueden tener problemas con adicciones. Una cuota que cambia está disponible.

P.O. Box 1188
Lyndonville, VT 05851
Llama para obtener más información (como folletos, etc.)
Teléfono: 1-(802)-626-5620
www.thefoldinc.org

(la lista de instituciones sigue en la próxima página)

Wilderness Therapy and Treatment (Tratamiento y Terapia en el Desierto)
Correo electrónico: info@wilderness-therapy.com
Internet: www. wilderness-therapy.com

Willow Springs Center
(Un centro de tratamiento para niños y adolescentes. Puedes usar tu seguro con esta institución de tratamiento)
690 Edison Way
Reno, Nevada 89502
Llama para obtener más información (como folletos y un video)
Teléfono: 1 (800)-448-9454

World Wide Association of Specialty Programs/Teen Help
(Asociación Mundial de Programas Especiales/Ayuda para Jóvenes)
(Tal vez los mejores programas de tratamiento residenciales a largo plazo en el planeta)
Estas instituciones proporcionan tratamiento residencial a largo plazo para muchachos y muchachas (de 12 a 18 años). Tienen lugares en Montana (muchachos y muchachas), Utah (muchachos y muchachas), Carolina del Sur (muchachos y muchachas), Jamaica (muchachos y muchachas), y México (muchachos y muchachas). Llama a Teen Help (Ayuda para Jóvenes) para obtener más información (por ejemplo, folletos y videos). Pide que te envíen un paquete de solicitud/ingreso. También, pide que te envíen información para los préstamos de estudiantes. Estos lugares son instituciones de tratamiento residencial a largo plazo en preparación para asistir a la universidad. La mayoría de las compañías de seguro no reembolsan los gastos de los servicios prestados mediante Teen Help (Ayuda para Jóvenes).
Teléfono: 1-(800)-355-8336www.schoolsforteens.com

Yellowstone Boys and Girls Ranch (Rancho para Muchachos y Muchachas en Yellowstone)
Un progama cristiano residencial/casa de grupo para muchachos de los 6 a 18 años, y para muchachas de 12 a 18 años. Se puede pagar el tratamiento con seguro. Gastos flexibles están disponibles. Este programa se compara con Teen Help (Ayuda para Jóvenes).
1732 S. 72nd St. W
Billings, MT 59106-3599
Teléfono: 1-(800)-726-6755www.ybgr.org

Nota:
Si sabes de una institución de tratamiento residencial a largo plazo de alta calidad y/o casa de grupo para niños y adolescentes, favor de ponerte en contacto con el Dr. Matthew A. Johnson y hacerle saber para que pueda considerar el poner la información en la próxima edición de Reglas de FAMILIA: Un Plan Positivo para Ser Padre de Familia (Niveles de Kinder a 12).

H Escoltas Profesionales

Es necesario tener una escolta de vez en cuando para ayudar a trasnportarle a un joven a una institución de tratamiento si no están dispuestos a cooperar. ¡Puedes guiarle a un caballo al agua y hacer que lo tome aún si no lo quiere hacer! ¡Las escoltas sí funcionan!

Llama a: Ann Atwood en "Teen Escorts"
(Escoltas para Jóvenes)
al: 1-(800)-322-3094

o

Llama al: Dr. Matthew A. Johnson
al: 1-(541)-956-8585
correo electrónico: drj@family-rules.com
Internet: www.family-rules.com

I Cómo Se Puede Fijar una Fecha para un Taller de Reglas de FAMILIA

Si te gusta lo que has leído y te gustaría fijar una fecha para un taller de Reglas de FAMILIA en tu empresa, iglesia, sinagoga u organización civil para que otras familias en tu comunidad pueden recibir el mismo beneficio, ponte en contacto con el Dr. Matthew A. Johnson mediante las siguientes opciones:

Número de Teléfono: 1-(541)-956-8585

Correo electrónico: drj@family-rules.com

Número de Fax: 1-(541)-955-7165

¡Sí! El Dr. Matthew A. Johnson vive en Grants Pass, Oregón y puede parecerse lejos de donde vives. ¡Sí! Sé que no te puedes imaginar viajando tan lejos sólo. Sin embargo, debido al milagro de los aviones, el Dr. Matthew A. Johnson puede volar a tu sitio en un avión. La ciudad vecina de Medford, Oregón de veras tiene un aeropuerto internacional y el Dr. Matthew A. Johnson puede llegar rápidamente a tu comunidad. Asombroso, ¿verdad? Así que no esperes en ponerte en contact con él para fijar una fecha para un taller de Reglas de FAMILIA en tu comunidad. De veras que no le va a preocupar viajar a tus pagos para hacer una presentación de su taller de Reglas de FAMILIA a las familias de tu comunidad. Además, donde vives tú ha de ser un lugar precioso para visitar. El "Dr. J" bien podría usar un cambio de paisaje de vez en cuando.

J *Matthew A. Johnson*

Dr. Matthew A. Johnson
Sicólogo Clínico con Licencia

Asesoría Proporcionada para Niños, Adolescentes y Adultos para tratar los siguientes asuntos:

Trastorno de Deficiencia de Atención (ADD en inglés)
Comportamientos Desafiantes en Niños y Adolescentes (Modificación de Comportamiento)
Depresión, incluso el Trastorno Afectivo de las Temporadas (SAD en inglés)
Ansiedad Generalizada, incluso los Ataques de Pánico y las Fobias
Maltratamiento Sexual y Adicción al Sexo
Pesar y Pérdidas
Evaluaciones y Asesoría para el Abuso de Alcohol y Drogas
Asuntos de Disfunción Familiar (ACOA, Co-dependencia)
Asesoría Individual, de Parejas y de Familias

Servicios de Pruebas Sicológicas Proporcionadas para Niños, Adolsecentes y Adultos para evaluar:

Evaluación Objetiva Computarizada para el Trastorno de Deficiencia de Atención (ADD en inglés)
Pruebas para la Cociente de Inteligencia (Pruebas de CI)
Progreso Académico
Partes Fuertes y Débiles de Personalidades
Depresión y/o Ansiedad
Evaluaciones para Impedimentos Neurosicológicos
Abuso de Alcohol o Drogas

Se Puede Fijar Citas en Grants Pass, Oregón 1-(541)-955-7132
Los Servicios de Asesoría y de Pruebas Son Reembolsables por la Mayoría de las Compañías de Seguro

Oficina de Grants Pass, Oregón
PO Box 1801
Grants Pass, Oregón 97528
Trabajo: 1-(541)-955-7132
Fax: 1-(541)-955-7165
Correo electrónico: drj@family-rules.com
Internet: www.family–rules.com

Apuntes del Taller

Reglas de FAMILIA Apuntes del Taller

Apuntes del Taller

Reglas de FAMILIA

Apuntes del Taller

Apuntes del Taller

Reglas de FAMILIA

Apuntes del Taller

Apuntes del Taller

Reglas de FAMILIA Apuntes del Taller